LA GÉOPOLITIQUE

Éditions Eyrolles
61, bd Saint-Germain
75240 Paris Cedex 05
www.editions-eyrolles.com

L'auteur remercie Victor Pelpel pour sa collaboration
à l'actualisation de la présente édition.

Cartes : Bernard Sullerot
Mise en pages : Istria

ISBN : 978-2-416-00864-1

Pascal Boniface

LA GÉOPOLITIQUE

50 fiches pour comprendre l'actualité

Neuvième édition

Éditions
EYROLLES

SOMMAIRE

INTRODUCTION

La géopolitique fait désormais partie de notre quotidien. Elle envahit les rayons des librairies, des bibliothèques, les écrans, les pages de journaux et les ondes.

En France, elle est désormais enseignée au lycée en classe de première et de terminale.

Autrefois, les chaînes de service publique organisaient des débats sur les questions géopolitiques parce qu'il s'agissait d'une mission de service publique. Aujourd'hui, elles savent qu'elles font souvent leurs meilleurs scores d'audience lorsqu'elles diffusent un débat sur les questions internationales.

Le nombre de livres publiés chaque année sur les sujets géopolitiques augmente régulièrement. À Paris comme en région, des débats sont organisés sur ces sujets et attirent un public de plus en plus nombreux, attentif et participatif. À l'IRIS (Institut de relations internationales et stratégiques), on voit le succès des Géopolitiques de Nantes qui a connu sa 10e édition en 2022, des Internationales de Dijon (5e édition en 2022), ou encore des Entretiens européens d'Enghien (14e édition en 2022). Beaucoup de personnes viennent en avance pour être sûres d'y avoir une place. Le festival de géopolitique de Grenoble, organisé par Grenoble École de management (GEM), est aussi très couru.

Les enseignements sur le sujet se développent également. À IRIS-Sup', école créée par l'IRIS, nous avons chaque année un nombre d'étudiants plus important et nous ne pouvons pas satisfaire toutes les demandes.

Autrefois, on ne s'intéressait à la géopolitique que si on était militaire, diplomate ou chercheur spécialisé. Aujourd'hui, chacun a besoin d'une culture géopolitique dans l'exercice de ses responsabilités professionnelles. Et tout citoyen qui veut comprendre le milieu dans lequel il vit doit avoir un minimum de grille de lecture géopolitique. Comme l'anglais, la géopolitique est devenue indispensable pour se mouvoir dans un monde globalisé. De même que ceux qui ne deviendront pas professeurs d'anglais doivent maîtriser suffisamment cette langue pour être mobiles, ceux qui ne se destinent pas à devenir experts en géopolitique doivent en connaître les rudiments. C'est justement l'objectif de ce petit livre : permettre à chacun de connaître le b.a-ba de la géopolitique. Son succès constant et croissant, tant auprès des étudiants et lycéens que des citoyens curieux, prouve qu'il remplit son objectif. Il s'agit d'expliquer simplement sans tomber dans les simplifications et de rendre facilement compréhensible ce qui peut *a priori* paraître complexe.

Après avoir présenté les différentes tentatives de définition de la géopolitique, et ses auteurs classiques, nous étudierons les principales questions géopolitiques contemporaines en quatre parties : les défis géopolitiques, les principaux conflits et crises, les tendances structurelles et les questionnements.

PARTIE 1

QU'EST-CE QUE LA GÉOPOLITIQUE ?

CHAPITRE 1

LES DÉFINITIONS CLASSIQUES

Pour Johan Rudolf Kjellén (Suède, 1864-1922), la géopolitique est « *la science de l'État en tant qu'organisme géographique tel qu'il se manifeste dans l'espace* ».

Pour Friedrich Ratzel (Allemagne, 1844-1904), c'est « *la science qui établit que les caractéristiques et conditions géographiques, et plus spécialement les grands espaces, jouent un rôle décisif dans la vie des États, et que l'individu et la société humaine dépendent du sol sur lequel ils vivent ayant son destin déterminé par la loi de la géographie* ».

Selon Karl Haushofer (Allemagne, 1869-1946), « *la géopolitique est la nouvelle science nationale de l'État, une doctrine sur le déterminisme spatial de tout le processus politique basé sur de larges fondations de la géographie et notamment de la géographie politique* ».

Pour Jacques Ancel (France, 1882-1943), « *la géopolitique est avant tout l'observation et l'analyse des relations humaines avec le territoire sur lequel elles vivent et se développent militairement, politiquement et commercialement à partir d'invariants géographiques* ».

Yves Lacoste (France, 1929-…) développe le concept : « *L'étude des différents types de rivalités de pouvoir sur les territoires, […] la puissance se mesurant en fonction de potentialité territoriale interne et de la capacité à se projeter à l'extérieur de ce territoire et à des distances de plus en plus grandes.* »

Il précise : « *Le terme de géopolitique dont on fait de nos jours de multiples usages désignant de fait tout ce qui concerne les rivalités de pouvoir ou d'influence sur les territoires et les populations qui y vivent : rivalités entre des pouvoirs politiques de toutes sortes – et pas seulement des États mais aussi entre des mouvements politiques ou des groupes armés plus ou moins clandestins –, les vérités pour le contrôle ou la domination du territoire de grande ou de petite taille.* » C'est pour lui la combinaison de la science politique et de la géographie.

Pour Pierre Marie Gallois (1911-2010), c'est « *l'étude des relations qui existent entre la conduite d'une politique de puissance portée sur le plan international et le cadre géographique dans lequel elle s'exerce* ».

Michel Foucher (France, 1946-…) y voit « *une méthode globale d'analyse géographique des situations sociopolitiques concrètes, envisagées en tant qu'elles sont localisées, et des représentations habituelles qui les décrivent. Elle procède à la détermination des coordonnées géographiques d'une situation et d'un processus sociopolitique et au décryptage des discours et des images cartographiques qui les accompagnent* ».

Pour Robert D. Kaplan (États-Unis, 1952-…), c'est « *l'étude du contexte auquel est confronté chaque État pour déterminer sa propre stratégie, et l'influence de la géographie sur les luttes humaines* ».

La géopolitique se distingue-t-elle de la géographie politique ? Pour Ladis K.D. Kristof (États-Unis, 1918-2010), la géographie politique se concentre sur les phénomènes géographiques et leur donne une interprétation politique. La géopolitique se concentre sur les phénomènes politiques pour en donner une interprétation géographique et étudie les aspects géographiques de ces phénomènes.

On emploie parfois de façon indifférenciée les termes de géopolitique et de géostratégie. Pour Raymond Aron (France, 1905-1983), la stratégie est la conduite d'ensemble des opérations militaires, et la diplomatie est celle du commerce avec les autres unités nationales. Stratégie et diplomatie seront toutes deux subordonnées à la politique, c'est-à-dire à la conception que la collectivité ou ceux qui en sont responsables se font de l'intérêt national. Reprenant la définition de Clausewitz (Allemagne, 1780-1831), pour lequel la guerre est la continuation de la politique par d'autres moyens et estimant que le soldat et le diplomate sont les deux acteurs symboliques des relations internationales, Aron conclut que le choix d'une stratégie dépend à la fois du but de la guerre et des moyens disponibles. Ils seront différents s'il s'agit d'une guerre entre États ou d'une guerre d'indépendance.

La différence entre tactique et stratégie est la différence entre la fin et les moyens. La stratégie fait usage des combats en déterminant le lieu, le moment effectif, dans la mesure où ils influent sur la fin. La géostratégie est la détermination d'une stratégie à partir des données géographiques.

CHAPITRE 2

UN DÉTERMINISME GÉOGRAPHIQUE ?

Gérard Chaliand (France, 1934-…) estime que les lignes d'expansion, comme les menaces à la sécurité, sont dessinées à l'avance sur les cartes du globe. Selon lui, la géopolitique combine une schématisation géographique des relations diplomatico-stratégiques avec une analyse géoéconomique des ressources et une interprétation des attitudes diplomatiques en fonction du mode de vie et du milieu, les oppositions sédentaire/nomade et terrien/marin.

La carte peut par ailleurs avoir un effet déformant. Nous sommes habitués à la projection Mercator qui situe l'Europe au centre du monde. Elle est réaliste, mais d'un point de vue européen seulement. Gérard Chaliand a frappé l'opinion française en publiant en 1984 un atlas stratégique où le simple fait de publier des cartes avec l'URSS, la Chine et les États-Unis au centre du monde modifiait la perception à laquelle avaient été habitués, pendant pratiquement toute leur vie, les lecteurs français.

Il ne s'agit pas de penser que la politique qui doit être menée est dictée de façon déterministe par la géographie et qu'il n'y a pas d'alternative. L'environnement géographique peut offrir des opportunités et des risques. Cependant il n'oblige pas le responsable politique à agir comme s'il n'avait pas d'autre choix que de se conformer aux éléments. Une carte ne suffit pas automatiquement à éclairer nos actions.

L'Europe au centre de la carte

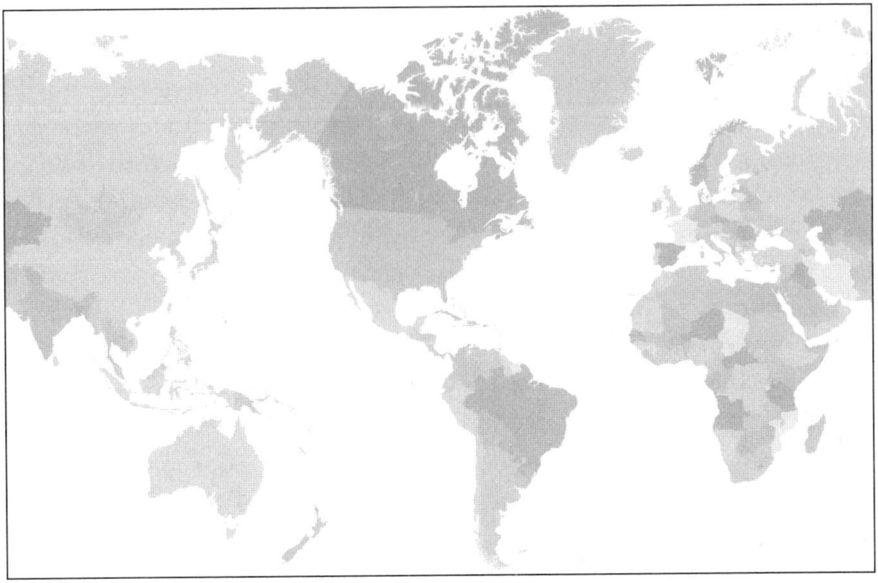

L'Amérique au centre de la carte

La Russie et la Chine au centre de la carte

Napoléon disait que lorsqu'on connaît la géographie d'un État, on sait déjà tout de sa politique étrangère. C'est loin d'être vrai. L'Allemagne et la France sont passées d'ennemis héréditaires à couple moteur de l'Europe, en conservant la même frontière commune. Le général Gallois reproche à Halford John Mackinder (Royaume-Uni, 1861-1947) que la géographie l'ait emporté dans son esprit sur les réalités humaines. Il écrit dans *Géopolitique. Les voies de la puissance* : « *S'il est séduisant pour l'esprit, le raisonnement géopolitique s'est souvent révélé décevant lorsqu'il a été mis en pratique. Il est intéressant et utile de mettre en avant les caractéristiques géographiques du monde, mais celles-ci ne rendent pas compte des facteurs humains, de leur évolution, du mouvement des masses et des volontés de ceux qui les dirigent.* »

Raymond Aron va dans le même sens, dans *Paix et guerre entre les nations* : « *Il est illégitime de tirer une lecture géographique de l'Histoire universelle, des prévisions ou idéologies.* »

CHAPITRE 3

LA NAISSANCE D'UNE DISCIPLINE

La géopolitique avant la géopolitique

De nombreux auteurs ont fait de la géopolitique, avant même que le concept ne soit développé, l'idée selon laquelle l'environnement géographique pouvait déterminer la nature de l'homme et les politiques à suivre. L'étude de l'impact du milieu géographique de l'environnement sur la politique des peuples et des nations est ancienne.

Aristote (Grèce, 384-322 avant J.-C.), vingt-trois siècles avant que le terme de « géopolitique » n'apparaisse, émettait des théories qui se rattachaient à cette discipline. Il estimait que l'environnement naturel avait un impact sur le caractère humain des citoyens et sur les nécessités militaires et économiques d'un État idéal. Pour lui, le climat et le caractère national étaient très liés, l'hétérogénéité d'un territoire nourrissait celle de la population et empêchait l'unité et la paix dans le pays. L'environnement géographique favorisait les activités humaines et la façon de subsister. Il estimait qu'un État qui pouvait se permettre une autarcie bénéficiait d'une protection non seulement contre une attaque militaire mais également contre des influences indésirables. Les idées révolutionnaires extérieures pouvaient déstabiliser un régime. Jean Bodin (France, 1529-1596) développa également des théories climatiques dans son ouvrage *La République*. À l'image des architectes qui essaient d'adapter leur construction aux matériaux disponibles et aux sites sur lesquels ils construisent, les responsables politiques devaient également s'adapter au caractère humain modelé par l'environnement. La faillite des grands États s'expliquait par le fait de ne pas s'y être ajustés.

Montesquieu (France, 1689-1755) estime qu'un climat chaud favorise le despotisme et l'esclavage alors qu'un climat froid privilégie la démocratie et la liberté. Il considère aussi que les paysages ouverts qui sont riches grâce à l'agriculture sont sous la menace des envahisseurs ; la monarchie s'y établit donc pour en protéger la richesse. Les régions de montagne, plus pauvres, ne suscitent pas l'envie d'envahisseurs, la seule richesse est la démocratie.

À partir de la fin du XIXe siècle, notamment avec Alexander von Humboldt (Allemagne, 1769-1859) et Carl Ritter (Allemagne, 1779-1859) en Allemagne, la géographie cesse d'être une simple description du monde pour devenir une réflexion sur la façon dont les sociétés s'insèrent dans l'espace.

Le terme de « géopolitique » aurait été utilisé pour la première fois en 1905 par le Suédois Johan Rudolf Kjellén (Suède, 1864-1922), professeur d'Histoire et de Science politique à l'université de Göteborg puis d'Uppsala. Il craignait l'expansion des Russes vers les eaux de la Baltique. Selon lui, « *au-delà de son aspect physico-géographique comme territoire, la vie d'un État a quatre autres formes : comme foyer dans ses activités économiques, comme peuple dans ses caractères nationaux et raciaux, comme communauté sociale dans ses classes et ses professions et comme gouvernement dans son aspect constitutionnel et administratif. Cinq éléments de la même force, cinq doigts d'une même main qui travaillent en temps de paix et luttent en temps de guerre* ».

Il va imaginer cinq sous-disciplines de la science politique : la géopolitique qui étudie l'État comme organisme ou phénomène dans la société, l'écopolitique (économie), la démopolitique (relation entre population et organisation politique), la sociopolitique (rapports entre l'État et la société) et la kratopolitique, à savoir l'autorité de l'État.

Pour Kjellén, l'État est une chose vivante, presque d'un point de vue biologique : « *Chacun des États se compose comme un individu à part, avec son caractère particulier, avec ses intérêts particuliers, sa manière d'agir, ses sentiments.* » Les Hommes forment un peuple. Mais l'État ne se compose pas seulement des individus vivants. On y trouve tous les individus du peuple : vivants, morts et pas encore nés, « *comme l'arbre avec toutes ses feuilles de toutes ses années* ». L'État n'est pas la simple somme de ses parties. Kjellén voit l'État comme un être vivant. Il y a des maladies des États plus ou moins graves. En conséquence, il y a aussi des parties vitales. La géopolitique peut donc soutenir la stratégie en désignant les parties sensibles.

La guerre moderne a pour but de rompre la volonté de l'adversaire, et la façon la plus radicale d'y arriver est de s'emparer de tout son territoire. La mer constitue la frontière la plus naturelle ; pour un pays, l'insularité est donc la situation idéale. Mais la nature ne décide pas seule des frontières. Les rapports de force et la relation de puissance comptent également. Kjellén distingue l'espace, le domaine et la position : « *Les États vigoureux, dans un espace limité, se trouvent sous l'impératif catégorique d'élargir leurs espaces, par colonisation, fusion ou des conquêtes de différentes façons.* » Mais il ne faut pas trop l'élargir pour des raisons de risques intérieurs. La position est déterminée par les voisins (l'Allemagne en a huit, l'Angleterre aucun) et les lignes de communication.

Carl Ritter développe « *une théorie cyclique de la croissance des États comparable à celle des éléments naturels ou organiques qui passent par les stades de naissance, de maturité, de mort* », théorie peu ou prou inspirée par Darwin.

Friedrich Ratzel (1844-1904) est souvent considéré comme le fondateur de la géographie moderne et de la géographie politique. Pharmacien de formation, il était partisan de la théorie de l'évolution de Darwin. Il occupe la chaire de géographie de l'université de Leipzig de 1886 à sa mort. Il devient le grand maître universitaire en géographie politique allemande. Il place l'État au centre de sa réflexion.

Il pense que le monde occidental s'est imposé vis-à-vis des autres civilisations grâce au rôle de la nation. Il faut donc comprendre les mécanismes de sa formation, ses liens à l'espace et son dynamisme. Il va assimiler la nation à un organisme, établir un lien direct entre l'épanouissement d'un peuple et l'espace vital (*Lebensraum*) dont il a besoin. C'est donc lui qui va développer en premier le concept d'espace vital, qui sera ensuite récupéré par Hitler. L'Allemagne, de par son poids commercial et économique, sa puissance culturelle et idéologique, a vocation à dominer l'Europe en élargissant ses frontières à l'est pour accéder aux ressources agricoles qui s'y trouvent. À la limite, la géopolitique serait une branche des sciences naturelles. Ses théories vont être interprétées et utilisées par les nazis pour justifier leur volonté expansionniste.

Sur la géographie politique, il définit un triangle composé de la puissance du peuple et du territoire. L'État est pour lui comme une structure humaine qui ne peut croître que sur le sol comme un organisme vivant. Quand il grandit, il s'étend dans l'espace ; quand il meurt, il disparaît de la carte. La nation est un ensemble d'hommes unis par un sentiment d'appartenance, ce dernier n'étant pas forcément fondé sur la race. Le peuple est composé d'individus et de groupes qui sont unis par le territoire commun.

Ratzel admet qu'il y a un danger à considérer que la géopolitique, ou plutôt une politique fondée sur elle, puisse verser dans le déterminisme géographique : « *Le seul élément de l'unité de l'État est le territoire. Dès lors il y a une forte tentation de baser l'organisation politique sur le territoire et l'État.* »

La géopolitique doit rappeler aux hommes d'État l'importance du facteur géographique, trop souvent négligé. L'Histoire peut d'ailleurs s'expliquer selon lui par la géographie.

Ratzel a cependant une conception organiciste de l'État. Les frontières sont assimilées à l'épiderme. L'extension peut être justifiée par la croissance naturelle ou la domination du plus fort.

Les États forts sont fondés sur des peuples forts, bien ancrés au sol, capables de s'étendre. Il y a une hiérarchie des peuples. Certains sont forts (les Allemands), d'autres sont faibles (les Serbes), d'autres enfin sont inorganisés (Polonais, Juifs).

Fils d'un professeur de tactique militaire, Alfred Mahan (États-Unis, 1840-1914) va lui-même devenir marin de l'US Navy, avant de présider en 1902 l'American Historical Association. Pour lui, la politique est avant tout l'expression de rapports de forces. Les unités sociales entretiennent des relations de concurrence qui provoquent nécessairement des luttes et des conflits.

Les nations sont des corporations économiques qui se battent pour la victoire. Les tentations que suscitent les marchés de l'Afrique, de l'Amérique latine et de l'Extrême-Orient ont conduit les Européens à se lancer dans une course, cette dernière reposant sur la force. Les relations internationales peuvent s'étudier en termes de stratégie et de tactique. Chaque nation peut perdre ou gagner selon les choix qu'elle fait. Il n'y a pas pour elle de substitut à la force et le concept de droit international est donc illusoire. Ce dernier est d'ailleurs régulé par la force elle-même. La guerre peut être moralement justifiée en l'absence de toute autorité internationale sur la base de l'existence de vérités morales.

Mahan a déclaré : « *Je suis un impérialiste, simplement parce que je ne suis pas isolationniste.* » Pour lui, la providence doit enseigner aux grandes puissances navales d'user de leur pouvoir à des fins légitimes. La politique expansionniste de Theodore Roosevelt (États-Unis, 1859-1919) sera légitimée par les écrits de Mahan. Il croit en la supériorité de la civilisation occidentale, « *oasis de civilisation dans un désert de barbarie* ». Il estime que la position géographique des États-Unis protège de la guerre, mais que la meilleure dissuasion consiste dans des navires qui pourraient s'attaquer aux bateaux de commerce ennemis. Il préconise une alliance avec l'Angleterre au nom d'idéaux communs. Pour lui, le pouvoir maritime est la clé du commerce et de la compétition économique. Les États-Unis doivent contrôler le canal de Panama, de même que les Britanniques contrôlent le *Channel*, afin de permettre à la côte atlantique d'être compétitive face à l'Europe, en réduisant les distances pour les marchés asiatiques. Son livre majeur est *L'Influence de la puissance maritime à travers l'Histoire, 1660-1783*.

Il estime que le monde occidental doit rester puissant et fort contre les civilisations non européennes. Elles ont une obligation morale à maintenir leur suprématie. La nécessaire préservation du monde chrétien est conditionnée à une position de force.

Bien qu'il réfutât le terme « géopolitique », le Britannique Halford John Mackinder est certainement l'un des géopoliticiens les plus connus, voire le plus emblématique. Alors que Mahan soutient que la supériorité va à la puissance maritime, Mackinder croit, pour sa part, que la puissance continentale a l'avantage. Professeur à Oxford, il a dirigé la London School of Economics et a été député de 1910 à 1922. Ses travaux se sont notamment penchés sur la place du Royaume-Uni dans la hiérarchie mondiale, face à la montée en puissance des États-Unis et de l'Allemagne.

À la fin du XIXe siècle, partout flottent des drapeaux nationaux, emblèmes des multiples souverainetés. L'expansion coloniale a atteint ses limites. Les richesses seront exploitées par voie de terre, ôtant aux échanges maritimes le rôle essentiel qu'ils ont joué dans l'économie mondiale.

En 1904, Mackinder prononçait sa conférence sur « le pivot géographique de l'Histoire ». C'était l'année où la Russie achevait de construire le Transsibérien censé lui assurer un contrôle du continent asiatique. La défaite contre le Japon en 1905 prouvera l'inverse : le Transsibérien, qui ne fonctionnait que sur une voie, n'a pas pu amener les renforts nécessaires. Si la Russie s'allie avec l'Allemagne, elle aura accès à la mer et à la puissance industrielle. Il faut donc lutter contre l'apparition de ce pivot continental. Il écrit : « *Aujourd'hui la Russie occupe la moitié du grand continent. Elle est déjà la puissance de la terre, par opposition à celle de la mer. Les espaces qu'elle contrôle sont si vastes, leur potentiel démographique si prometteur, ses richesses si grandes, qu'un puissant ensemble économique, inaccessible au commerce maritime, s'y développera inéluctablement.* »

Mackinder prévoit un système d'alliances qui sera suivi par le Royaume-Uni. Il préconise une alliance entre Londres et Moscou pour contrer la montée en puissance de l'Allemagne (ce qui fut fait au début de la Première Guerre mondiale et après 1941 pour la Seconde Guerre mondiale) et le développement de la Russie à partir de l'Empire perse et de l'Afghanistan (ce fut l'endiguement au début de la guerre froide). Il préconise également une alliance avec la France, toujours pour contrer l'Allemagne. Comme Karl von Clausewitz, il pense qu'une puissance qui doit se battre sur deux fronts en même temps est perdue. Le discours géopolitique le plus connu est certainement celui qu'il prononça lors de la conférence du 5 janvier 1904 devant la société royale de géographie. C'est de là que vient la formule souvent citée : « *Qui contrôle le cœur du monde (heartland) commande à l'île du monde, qui contrôle l'île du monde commande au monde.* »

« *La Grande-Bretagne, le Canada, les États-Unis, l'Afrique du Sud, l'Australie et le Japon forment désormais un anneau de bases périphériques ou insulaires servant la puissance maritime, et le commerce est inaccessible à la puissance terrestre de l'Eurasie. Néanmoins la puissance terrestre a su se maintenir et des événements récents ont à nouveau accru son importance.* »

« *Le siècle des Tudor qui vit l'expansion de l'Europe au-dessus de la mer vit également la puissance russe transposée de Moscovie en Sibérie ; la ruée vers l'Est entraîna ses cavaliers à travers l'Asie, fut un événement presque aussi chargé de signification politique que le contournement du Cap.* »

« *Il y a de cela une génération, la vapeur et le canal de Suez semblaient avoir accru la mobilité de la puissance maritime au détriment de la puissance terrestre. Le chemin de fer avait pour fonction principale d'alimenter le commerce par voie maritime. Cependant les chemins de fer transcontinentaux ont commencé à bouleverser les données de la puissance terrestre et il n'est d'autre endroit où leur effet se fasse sentir autant que dans la région centrale et fermée de l'Eurasie.* »

« *La région pivot des relations internationales à l'échelle mondiale n'est-elle pas cette même étendue de l'Eurasie qui se trouve hors de portée des navires mais était dans l'Antiquité ouverte aux nomades à dos de cheval et qui s'apprête aujourd'hui à se doter d'un réseau de chemin de fer ?* »

Un an après ce discours, le Japon, puissance maritime, obtenait une victoire contre la Russie, puissance continentale. Mais la montée en puissance de l'URSS après la Seconde Guerre mondiale allait revaloriser la thèse de Mackinder. Pour ce dernier, le monde est comparable à un océan mondial où se trouve l'île mondiale (*world island*) composée de l'Asie, de l'Europe et de l'Afrique. Autour d'elle, se trouvent les grandes îles (*outlying island*) : l'Amérique, l'Australie, le Japon et la Grande-Bretagne. Celui qui contrôle le pivot mondial (*heartland*) commande l'île mondiale ; celui qui tient l'île mondiale tient le monde.

Au XIXe siècle, la montée en puissance de l'Allemagne et de la Russie inquiète l'Angleterre, et explique les préoccupations de Mackinder. En 1943, il prédit que si la Russie sort vainqueur de sa guerre contre l'Allemagne, elle deviendra la plus grande puissance terrestre du monde. On le crédite d'avoir anticipé la politique de *containment*, bien qu'il n'ait jamais frontalement abordé la question de la rivalité soviético-américaine.

Après la guerre, Mackinder préconisa la coopération entre les États-Unis, la Grande-Bretagne et la France pour éviter que l'Allemagne – dont il prônait le désarmement – ne se relance dans des politiques agressives.

Karl Haushofer est la figure de proue de la géopolitique nazie. Bien qu'il n'adhérât pas au Parti national-socialiste et que sa femme fût juive, il fut très proche de Rudolf Hess. Frustré par l'humiliation de l'après-Première Guerre mondiale, il estimait que les dirigeants de la république de Weimar devaient être condamnés. L'Allemagne devait refuser le traité de Versailles qui disperse le peuple allemand en Europe centrale et restaurer son unité. Alors que Ratzel voyait l'État déterminé par le commerce, le social, la démographie ainsi que l'espace, Haushofer ne voit que l'espace comme facteur d'action politique. L'espace, pour lui, dépasse l'Histoire. Le grand Reich allemand doit rassembler tous les peuples de langue allemande. L'espace européen doit être organisé par et pour l'Allemagne, qui doit contrôler les petits États. Il faut développer son *Lebensraum* (espace vital) pour y déverser les populations excédentaires et y puiser les matières premières. L'objectif est de réussir à bâtir un système autarcique et, pour cela, atteindre une superficie conforme à l'importance de sa population. Il s'oppose à la vision libérale et cosmopolite du Royaume-Uni. Les pays les moins organisés (Pologne, ouest de la Russie) doivent être rayés de la carte. Il faut en revanche accorder un statut privilégié aux cousins de langue allemande (Pays-Bas, Flandre). Les grands États de l'Ouest, France et Royaume-Uni, subsistent mais sont affaiblis. Il préconise une alliance avec l'Italie et la création de petits États ethniques vassaux. Les populations juive et tsigane, incapables de s'organiser, doivent être éliminées.

Il envisageait l'organisation du monde autour d'ensembles autarciques : les pan-régions dominées par un État fort et une division internationale du travail. Ainsi, l'Eurafrique y était organisée par l'Allemagne, l'Eurasie était limitée à l'est et l'Asie était organisée par le Japon. Ces trois régions doivent équilibrer la Pan-America. Il proposait donc de s'allier aux Russes pour détruire le Royaume-Uni tout en forçant la Russie à rester une puissance asiatique.

Un bloc eurasiatique unirait l'Allemagne, la Russie et le Japon contre le Royaume-Uni. La rupture du pacte germano-soviétique le conduit à redéfinir sa théorie pour faire de l'Allemagne l'unique puissance du *heartland*. Mais il craint, à juste titre, que l'Allemagne n'ait pas la capacité de contrôler un si vaste territoire et ne puisse se battre sur deux fronts. En conséquence, Haushofer n'approuva pas la rupture du pacte germano-soviétique. Il témoigna contre Hess au procès de Nuremberg. Considéré néanmoins comme le géopolitologue du nazisme, il fut exclu de l'université en 1945 et se suicida l'année suivante.

Nicholas Spykman (États-Unis, 1893-1943), qui fut journaliste avant de devenir professeur à Yale, estime que jusque dans les années 1930, la politique de sécurité américaine a ignoré le facteur géographique à son détriment. Dans son livre *Géographie politique étrangère* (1938), il analyse les effets de la taille et de l'emplacement mondial et régional sur les politiques étrangères des États. L'élément principal de la puissance d'un grand État est un contrôle effectif et centralisé et un système efficace de communication du centre vers la périphérie. Il se veut le théoricien du réalisme politique. Il crée le concept de *Rimland* (croissant intérieur). Celui-ci comprend l'Europe de l'Ouest, le Moyen-Orient et l'Asie du Sud-Ouest, la Chine et l'Extrême-Orient. C'est un croissant périphérique où se trouvent les principales zones d'échanges mondiaux. Pour Spykman, qui tient le *Rimland* tient l'Eurasie, qui domine l'Eurasie contrôle le destin du monde. Il note que les trois plus récents aspirants à l'hégémonie mondiale, à savoir Napoléon, Guillaume II et l'Allemagne nazie, provenaient tous du *Rimland*. Spykman décrit un périmètre de sécurité des États-Unis qui serait une frontière d'alerte permanente – du détroit de Béring jusqu'à Hawaï puis des îles Galápagos aux îles de Pâques et du canal de Magellan jusqu'aux îles Malouines.

Il prédit que la Chine sera la puissance dominante de l'Extrême-Orient et l'Union soviétique la grande puissance européenne.

L'Inde et les États-Unis seront les deux autres grandes puissances mondiales.

En France, Jacques Ancel fut à l'origine de l'étude de la géopolitique. Il estime que cette discipline doit analyser les relations existantes entre les groupes humains et les territoires sur lesquels ils vivent et se développent militairement, politiquement et commercialement à partir d'invariants géographiques : montagne, fleuve, littoral, désert. Selon lui, c'est plus l'homme qui fabrique la frontière que la nature. Si les invariants géographiques existent, ce ne sont pas des obstacles incontournables pour des politiques volontaristes. Il rejette donc tout déterminisme. Il estime que « *la frontière est plus mouvante que stable, plus souple que rigide, plus éphémère que durable* ». Il entend défendre les acquis idéologiques de la Révolution française et les acquis territoriaux de la France face à l'expansionnisme allemand. Responsable du département politique de l'état-major de Louis Franchet d'Esperey dans les Balkans, Ancel va réfléchir sur les rapports entre États-nations et territoires. Les nations sont des combinaisons harmonieuses, des genres de vie façonnés par les conditions naturelles, les liaisons physiques mais aussi le passé, comme il l'écrit dans deux ouvrages intitulés *Géopolitique* (1936) et *Géographie des frontières* (1938).

Mais ces auteurs « classiques » ont une approche quelque peu théorique des questions internationales. Leurs théories sont intellectuellement séduisantes mais ne correspondent que de façon limitée aux réalités de la vie internationale. Ils ont eu le mérite de réévaluer les critères géographiques, mais ils les ont également surévalués, négligeant les critères politiques, stratégiques, etc., qui sont également déterminants dans leurs choix géopolitiques.

CHAPITRE 4

UNE DISCIPLINE DIABOLISÉE PUIS RÉHABILITÉE

En France, plusieurs facteurs se conjuguaient pour entraver le développement de la géopolitique. L'association historique de la matière au nazisme fut, comme ailleurs, un obstacle puissant. Mais même avant le nazisme, d'autres raisons expliquaient ce phénomène. Une grande partie des premiers géopolitologues de la fin du XIXe siècle était liée à l'idée du pangermanisme, ce qui avait un effet repoussoir en France. Par ailleurs, les références idéologiques françaises se voulaient universalistes, produits de l'Histoire mettant en valeur la citoyenneté républicaine. En France, l'État préexiste à la nation, ce qui n'est pas le cas en Allemagne. L'extension de ses frontières est légitimée par le droit des peuples à disposer d'eux-mêmes, tout comme des valeurs universalistes venaient légitimer la politique coloniale en vertu d'une prétendue mission civilisatrice. En France, la géographie vivait dans l'ombre de l'Histoire.

La géographie, ça sert, d'abord, à faire la guerre. Yves Lacoste publiait ce livre au titre choc en 1976 chez l'éditeur Maspero, spécialisé dans les livres tiers-mondistes et révolutionnaires. Un pavé dans la mare mais un rappel d'une réalité oubliée pour beaucoup.

« Sur la carte, forme de représentation géographique par excellence, doivent être portés tous les renseignements nécessaires à l'élaboration des tactiques et des stratégies. La carte a d'abord été établie par des

officiers et pour des officiers (carte d'état-major) ; la production d'une carte, c'est-à-dire la conversion d'un concret mal connu en une représentation abstraite efficace et fiable, est une opération difficile, longue et coûteuse qui ne peut être réalisée à l'origine que par l'État. »

Yves Lacoste redonnait ses lettres de noblesse politique à la géopolitique qui avait été, à tort, assimilée dans les milieux intellectuels français aux théories nazies. Spécialiste du tiers-monde, il ne pouvait pas être accusé d'avoir une lecture « droitière » des relations internationales[1]. Il permit de réhabiliter politiquement la géopolitique, pour en refaire une discipline intellectuelle permettant de comprendre le monde, et non un projet politique de domination par certains peuples. La théorie géopolitique avait en effet tenu une place importante dans l'argumentaire de l'expansionnisme allemand dans les années 1930. D'autres champs du savoir (histoire de la biologie et de la médecine), certaines formes de culture (musique, cinéma) avaient également été utilisés par le IIIe Reich sans subir ce rejet global. Mais la géopolitique, étant l'étude de la puissance, avait été assimilée à la guerre et à l'expansionnisme nazi. Certes le nazisme s'était servi de la géopolitique, mais dans une vision particulière qui ne devait pas conduire à rejeter l'ensemble de la discipline.

À la fin des années 1960 et au début des années 1970, l'intérêt porté à la géopolitique par les militaires du cône sud de l'Amérique latine (Argentine, Brésil, Chili) et la mise en place de dictatures militaires répressives dans la région ont de nouveau failli jeter le discrédit sur cette discipline (Pinochet avait été professeur de géopolitique).

Yves Lacoste estime qu'outre l'assimilation aux thèses nazies, le terme « géopolitique » a également souffert de la rivalité soviético-américaine et de la guerre froide. Il note : « *À propos*

1. Même s'il adhéra à des thèses d'extrême droite, vis-à-vis des musulmans, dans les années 2000.

de Cuba et de la guerre du Vietnam, il n'était pas question à Moscou comme à Washington de dire qu'il s'agissait de problèmes géopolitiques voire même géostratégiques. [...] On évitera tout autant de faire allusion à des problèmes territoriaux, donc géopolitiques, en Afrique, au moment de la décolonisation, puisque les frontières des nouveaux États reprirent les limites qu'avaient tracées les colonisateurs. »

Ce n'est qu'après la guerre de 1978-1979 entre deux pays communistes, la Chine et le Vietnam, pour le tracé de frontières, puis avec la guerre qui opposa l'Iran à l'Irak entre 1980 et 1988, là aussi pour une question territoriale, que la problématique frontières/territoires ressurgit et n'est plus occultée par les aspects idéologiques.

À la fin de la guerre froide, il a été suggéré que la géo-économie pouvait succéder à la géopolitique : il n'y avait plus de perspectives d'affrontements militaires entre les deux blocs. Place à la rivalité économique.

Le géopolitologue américain Edward Luttwak (1942-...) évoquait un nouvel ordre mondial où l'arme économique aurait remplacé l'arme militaire comme principal instrument de puissance au service des États. Selon lui, « *les menaces militaires et les alliances ont perdu leur importance avec la pacification des échanges internationaux dès lors que les priorités économiques ne sont plus occultées et passent au premier plan*. »

La géo-économie serait l'analyse des stratégies d'ordre économique décidées par les États qui peuvent agir en liaison avec les entreprises de leur pays pour protéger et développer leur économie nationale, maîtriser les technologies sensibles, améliorer leur compétitivité commerciale, conquérir des marchés extérieurs et définir les secteurs d'activité économique considérés comme stratégiques.

S'agit-il d'une véritable révolution ? Passe-t-on vraiment d'un monde à un autre ? Le fait de définir une nouvelle discipline qui allait s'ajouter, voire supplanter la géopolitique, était très caractéristique d'une époque où le monde occidental, ayant gagné la guerre froide, nourrissait la chimère d'un monde pacifié et vivant sous sa domination tranquille. C'était l'époque de la théorie de *la fin de l'Histoire* développée par Francis Fukuyama (1952-…), selon laquelle le monde occidental ayant désormais imposé son modèle d'économie de marché et de démocratie libérale, il n'y aurait plus d'affrontements. Il en était fini de l'Histoire au sens hégélien du terme. La suite des événements a fait voler en éclats cette théorie occidentale triomphaliste. Les affrontements stratégiques, pour prendre d'autres formes que ceux dominants pendant la guerre froide, n'en ont pas moins subsisté lourdement.

Par ailleurs, les rivalités économiques ont toujours fait partie des stratégies d'affrontement géopolitique ; blocus, sanctions, attribution ou non de la clause de la nation la plus favorisée ont toujours été des enjeux stratégiques. Idem pour la construction d'un marché commun en Europe très largement suscité par la peur de l'Union soviétique, les batailles pour le contrôle des matières premières, la politique de la canonnière destinée à ouvrir de force les marchés, en passant par la conquête coloniale, économie et stratégie ont toujours été étroitement mêlées. Les rivalités économiques font intrinsèquement partie des rivalités géopolitiques, elles ne viennent pas les remplacer.

Henry Kissinger (1923-…) et Zbigniew Brzeziński (1928-2017) vont être les deux géopolitologues américains les plus en vue pendant la guerre froide. Tous deux viennent d'Europe, l'un servira l'administration républicaine, l'autre démocrate. Tous les deux sont passés de la réflexion théorique à l'action diplomatique.

Kissinger fut d'abord responsable du Conseil de sécurité nationale américain, avant de devenir secrétaire d'État (ministre des Affaires étrangères) au cours des deux présidences de Nixon (1913-1994). Il souhaitait rompre avec la vision moraliste des États-Unis, qui évitent de parler d'intérêt national et qui assimilent le clivage Est-Ouest à une lutte du mal contre le bien.

Adepte de la *Realpolitik*, il croyait à la notion d'équilibre. Ayant soutenu une thèse sur le congrès de Vienne, il estime que c'est l'équilibre entre les puissances européennes qui a permis au continent de vivre en paix au XIXe siècle. Contrairement à une idée largement répandue aux États-Unis, il pensait que c'était l'abandon de la *Realpolitik*, et non cette dernière, qui avait conduit à la Première Guerre mondiale. Bien qu'il fût profondément anticommuniste, il pensait que la guerre du Vietnam et le déclin relatif des États-Unis les contraignaient à s'entendre avec l'Union soviétique.

Kissinger ne voulait pas juger le régime politique de l'URSS, à condition toutefois que celle-ci adopte un comportement modéré à l'extérieur. Pour lui, « *la sécurité absolue à laquelle aspire une puissance se solde par l'insécurité absolue pour toutes les autres* ». Il prônait donc un comportement où s'équilibraient sécurité et insécurité relative, impliquant l'équilibre des forces et la possibilité d'en négocier le maintien par le dialogue. Les deux superpuissances peuvent stabiliser leurs relations, maîtriser la croissance de l'arsenal nucléaire, travailler ensemble à stabiliser l'équilibre stratégique international afin d'éviter que des conflits régionaux (Vietnam, Moyen-Orient) ne dégénèrent. Pour lui, « *les États-Unis et l'URSS sont des rivaux idéologiques, la détente ne peut rien y changer, l'ère nucléaire les condamne à la coexistence, les croisades rhétoriques ne peuvent rien y changer non plus* ». Afin de pouvoir mener une politique de détente avec l'Union soviétique, il mit un bémol aux combats idéologiques sur les libertés et la démocratie. Pour Kissinger, la *Realpolitik* est le meilleur moyen d'assurer la stabilité et la paix internationales.

Les États-Unis doivent à la fois englober dans leur politique la dissuasion et la coexistence temporaire en s'efforçant d'endiguer l'adversaire et de réduire les tensions. Mais certains des aspects de la politique menée par Henry Kissinger, comme l'exportation de la guerre du Vietnam au Cambodge, ou le soutien au coup d'État de Pinochet au Chili, vont contribuer à l'assimilation de la *Realpolitik* à une politique immorale, contraire au droit des peuples.

Brzeziński, d'origine polonaise, est farouchement opposé à l'Union soviétique. Conseiller à la Sécurité nationale de Jimmy Carter de 1977 à 1981, il fit du combat pour la démocratie et la protection des libertés individuelles un axe fort de la politique américaine. Cela conduisit les États-Unis à cesser leur soutien aux régimes militaires en Amérique latine, à ne pas tenter de s'opposer par la force à la révolution en Iran, et à revenir à une politique plus classique avec l'Union soviétique sur ces thèmes. Après l'invasion de l'Afghanistan par l'Union soviétique, Brzeziński contribua à aider la résistance armée afghane, y compris les islamistes les plus radicaux. Il estimait que le principal danger venait de l'Union soviétique, et qu'une alliance tactique et temporaire avec les islamistes était possible. À la fin de la guerre froide, il dut se féliciter de l'implosion de l'Union soviétique, car il estimait que, sans l'Ukraine, la Russie ne pouvait plus être un empire menaçant. Il s'interrogea surtout sur la façon pour les États-Unis de maintenir leur leadership mis en danger par les évolutions stratégiques générales. Il estimait que les États-Unis étaient le premier empire de l'âge global, les empires précédents n'ayant été que régionaux. Les États-Unis font la course en tête dans les quatre domaines de la puissance : stratégique, économique, technologique et culturel au sens large. Mais, pour maintenir ce leadership, ils doivent, selon lui, le rendre acceptable, ne pas vouloir imposer par la force et savoir créer des coalitions volontaires. Il appuyait le multilatéralisme par intérêt plus que par conviction.

À l'issue du clivage Est-Ouest, d'autres auteurs ont marqué les esprits : Joseph Nye (1937-…) (*soft power*) puis Francis Fukuyama et Samuel Huntington (1927-2008). Ces deux derniers auront une interprétation différente de l'après-guerre froide : optimiste pour Fukuyama (*la fin de l'Histoire*) et pessimiste pour Huntington (*le choc des civilisations*).

Si tous ces auteurs sont qualifiés de géopolitologues, c'est parce que la perception de la discipline a changé. Ils ne sont pas dans la continuité intellectuelle des Mackinder, Haushofer, etc. Leur approche, pour être conceptuellement développée, est plus pragmatique et liée aux événements politiques réels.

Qu'est-ce que la géopolitique aujourd'hui ? Que sont les relations internationales ? La réponse est moins aisée au moment où les frontières physiques sont remises en cause du fait de la mondialisation, mais également au moment où sont réévaluées les frontières disciplinaires. L'élection de Donald Trump a-t-elle constituée un fait politique national américain ou un événement mondial ? L'affirmation du pouvoir de Xi Jinping, la *perestroïka* ou la fin de l'apartheid en Afrique du Sud sont-ils des événements nationaux ou ayant un impact stratégique mondial ?

L'accent mis sur le terme « géopolitique » a eu le mérite de remettre en perspective les facteurs géographiques. Ils ne doivent cependant pas entraîner un certain « déterminisme ». Le fait que l'Allemagne et la France soient voisines ne les oblige ni à être alliées ni à être ennemies. Cela dépend de leurs choix politiques, qui auront plus de conséquences du fait de leur frontière commune.

Pendant longtemps, les relations internationales ont été réduites à des relations interétatiques. Il est aujourd'hui admis que ce terme est trop réducteur. Ben Laden, Google, la Fifa, Amnesty International, les sociétés civiles ne sont pas des États ; leurs actions ont eu ou ont cependant un poids réel sur la scène internationale.

Aujourd'hui, pour comprendre le monde, il faut faire appel à l'histoire, à la géographie, à la sociologie, au droit, à l'économie, à la science politique, etc. Le terme « géopolitique » est entré dans le langage courant, il est de plus en plus utilisé, en lieu et place de « relations internationales ». Alors admettons que la géopolitique est une façon d'éclairer le monde.

PARTIE 2

LES 10 DÉFIS GÉOPOLITIQUES

CHAPITRE 1

LA GOUVERNANCE MONDIALE

Au début des années 1990, l'optimisme semblait de mise. La guerre froide avait pris fin, le mur de Berlin était tombé et le spectre d'un affrontement Est-Ouest en Europe avait disparu. Pour la première fois, la « sécurité collective » pensée par la charte des Nations unies était devenue une réalité avec la guerre du Golfe (1990-1991). Le déclenchement de la guerre était en effet légal et légitime : décidée par le Conseil de sécurité des Nations unies (CSNU) et déclarée à l'Irak, la guerre permit la libération du Koweït, alors annexé par la force. On pouvait enfin espérer que la charte des Nations unies soit enfin mise en œuvre pour une réelle sécurité collective. La guerre froide – qui l'en avait empêché – n'existait plus.

Jusqu'ici, les superpuissances avaient utilisé leur droit de veto pour se protéger ou protéger leurs alliés. Pour la première fois, l'Union soviétique acceptait pourtant de se rallier aux autres membres et de voter contre l'Irak, bien que ce dernier fût son allié. George Bush célébrait le nouvel ordre mondial, un monde où, selon lui, « *les Nations unies, libérées de l'impasse de la guerre froide, seraient en mesure de réaliser la vision historique de leurs fondateurs, un monde dans lequel la liberté et les droits de l'Homme sont respectés par toutes les nations* ». Cet espoir n'allait pas durer très longtemps. Ayant empoché tous les bénéfices de la coopération, les États-Unis refusèrent l'aide économique réclamée par Gorbatchev au sommet du G7 de juillet 1991. Un coup d'État militaire avorté mit fin à son pouvoir et engendra, en décembre 1991, l'éclatement de l'Union soviétique. Les États-

Unis avaient préféré être vainqueurs de la guerre froide plutôt que bâtisseurs d'un nouvel ordre mondial, espérant vivre dans un monde unipolaire sans aucun rival à leur mesure. Boris Eltsine se montrait accommodant avec les Occidentaux. Il ruina la Russie, le PIB russe ayant diminué de moitié entre 1991 et 2000 et l'autorité de l'État ayant disparu. Vladimir Poutine, à partir du début du XXIe siècle, entreprend de rétablir la puissance de la Russie en profitant de l'augmentation du cours des matières premières énergétiques. Aveuglés par la douleur du 11 septembre 2001 et convaincus de leur hyperpuissance, les Américains se lancèrent dans la guerre d'Irak en 2003 sans aucune base légale. À la différence de la guerre du Golfe de 1990, elle s'avéra une faillite stratégique entravant fortement la popularité des États-Unis dans le monde entier.

Les puissances émergentes, pour leur part, contestèrent l'hégémonie américaine sous la coupe du CSNU, dont la composition ne correspondait plus à la situation contemporaine. Pour le rendre plus légitime, plus efficace, il aurait fallu l'élargir à cinq nouveaux membres permanents. Kofi Annan, ancien Secrétaire général, avait proposé en 2005 que le Japon, l'Inde, l'Afrique du Sud, le Brésil et l'Allemagne le rejoignent, mais Chinois et Américains refusèrent, ne souhaitant pas renforcer la légitimité et l'efficacité de l'organisation mondiale.

Si le conflit idéologique entre communistes et Occidentaux n'est plus, les rivalités nationales demeurent et restent vives. Nous ne sommes pas entrés dans la « fin de l'Histoire », prédite par l'analyste américain Francis Fukuyama en 1990, où la démocratie libérale du type États-Unis se serait imposée à l'échelle universelle. Il n'y a pas de réelle « communauté internationale ». Il y a bien un espace mondial commun à tous, mais pas de volonté politique de résoudre en commun les grands défis qui se posent à l'humanité. Lorsque l'on évoque une « communauté internationale », c'est bien souvent pour évoquer ses échecs, à de rares exceptions près. De même, s'il y a bien eu une mondialisation économique qui a permis de sortir de la misère des centaines de millions de personnes, il n'y a pas réellement de gouvernance économique mondiale. Si le FMI (Fonds monétaire international) n'avait pas prévu la crise de 2008, il a été utile pour éviter qu'elle ne dégénère en catastrophe. Les cycles de négociations lancés par l'Organisation mondiale du commerce (OMC) n'ont pas débouché sur un accord de libéralisation généralisée des échanges et l'OMC est désormais en panne à cause du blocage américain. Face à la pandémie de Covid-19, l'OMS (Organisation mondiale de la santé) s'est révélée être un acteur majeur dans la coordination de la réponse à la crise sanitaire. Mais Donald Trump a préféré retirer les États-Unis de l'organisation pour privilégier une gestion unilatérale, déstabilisant l'OMS et la réponse coordonnée à la crise. Le monde n'est pas (encore) multipolaire, car il n'y a pas encore d'équivalent à la puissance américaine. Mais il n'est pas non plus unipolaire (comme l'a cru George Bush ou le souhaitait Donald Trump), car un seul pays ne peut pas, quelle que soit sa puissance, imposer son agenda et ses règles au reste de la planète. Le monde est globalisé, la puissance est émiettée. Dans un monde interdépendant, le multilatéralisme peut être une réponse aux défis globaux. À la conférence de Paris sur le climat de décembre 2015 (COP21), tous les États se sont accordés sur un texte contraignant afin de lutter contre le réchauffement climatique, malgré des situations et intérêts divergents. En 2018, les États-Unis ont dénoncé ce traité avant que Joe Biden y souscrive à nouveau en 2021.

Aujourd'hui, le multilatéralisme est en crise parce que la première puissance mondiale, les États-Unis, n'y souscrit que partiellement – même si Joe Biden a mis fin à la politique de franche hostilité de Donald Trump face aux institutions internationales –, que les deux autres puissances majeures, Chine et Russie, en ont une interprétation très personnelle et que de nombreux autres États jouent les francs-tireurs. La guerre déclenchée contre l'Ukraine par la Russie a encore un peu plus mis à mal la gouvernance mondiale.

L'unilatéralisme des États-Unis ne peut être résumé au mandat de Donald Trump. Le poids du pays dans les affaires mondiales et le sentiment d'exceptionnalisme ont souvent conduits les États-Unis à pratiquer une politique unilatérale, à des degrés différents, selon qu'il s'agisse de Bill Clinton, George W. Bush, Barack Obama, Donald Trump – qui l'a poussé à son paroxysme – ou de Joe Biden. Madeleine Albright avait eu cette formule significative : « Nous sommes multilatéralistes si nous pouvons, unilatéralistes si nous devons. » La secrétaire d'État d'un président jugé multilatéraliste, Bill Clinton, signifiait par là que le multilatéralisme n'était en rien un objectif, mais plutôt une option parmi d'autres, ce qui est contraire au fondement même de ce concept.

Dans un monde globalisé, le multilatéralisme est plus une nécessité qu'un choix. Les grands défis qui se posent à l'humanité (dégradation climatique, lutte contre les pandémies comme l'a illustrée de façon spectaculaire la crise du Covid-19, sécurité collective, lutte contre le terrorisme, résorption de la misère, etc.) ne peuvent pas être résolus unilatéralement, mais par un effort commun et concerté.

Le nombre de crises et de conflits montre bien l'absence de gouvernance mondiale, même si ceux-ci sont moins nombreux et causent moins de victimes que du temps de la guerre froide.

La rivalité entre Washington et Pékin pourrait déboucher sur un nouveau clivage, les États-Unis de Joe Biden cherchant à créer une alliance des démocraties avec leurs alliés européens et asiatiques contre un axe des régimes autoritaires, avant tout constitué autour de Pékin et Moscou.

En résumé

La fin de la guerre froide n'a pas, contrairement aux espoirs initiaux, débouché sur un nouvel ordre mondial et la mise en place d'un véritable système de sécurité collective. Les rivalités nationales demeurent vives et sources de crises.

CHAPITRE 2

LE COVID-19

Si la globalisation peut être définie comme la contraction du temps et de l'espace, la crise du Covid-19 en est la parfaite illustration.

Elle a totalement bouleversé la physionomie de la planète et remis en cause les certitudes les mieux établies concernant la mondialisation, et ce en à peine trois mois. Elle a modifié la vie quotidienne de la moitié des habitants de la planète, forcée au confinement et privée de la liberté élémentaire d'aller et venir. Elle a mis brutalement à l'arrêt un monde qui était, jusqu'alors, en mouvement perpétuel. Elle a porté à l'économie mondiale un coup encore plus dur que la grande crise financière de 2008.

Cette pandémie a pris l'ensemble du monde par surprise, même si la survenance d'un tel événement avait déjà été évoquée (mises en garde formulées par Bill Gates, dans un rapport public de la CIA, dans plusieurs livres blancs français sur la Défense et y compris dans le film *Contagion*). Mais aucun dirigeant n'avait pris les mesures nécessaires pour affronter une telle crise sanitaire, jugeant trop excessifs les scénarios de crises l'évoquant. Les dernières alertes pandémiques au XXIe siècle avaient été résolues sans dégâts insurmontables. L'épidémie de SRAS (2003) avait fait 850 morts, celle d'Ebola (2014) 12 500, des chiffres sans commune mesure avec la grippe espagnole (1918-1920) qui avait emporté entre 50 et 100 millions de personnes ou la grande peste (XIVe siècle) qui avait décimé plus du tiers des populations européenne et asiatique.

Les premiers cas de l'épidémie de Covid-19 sont apparus en décembre 2019 dans la ville de Wuhan, dans la province du

Hubei, au centre de la Chine. Dans un premier temps, les autorités chinoises ont réduit au silence les médecins qui avaient lancé l'alerte et évoqué la possibilité d'une pandémie transmissible par l'homme comparable à celle du SRAS, en leur reprochant de porter atteinte à la réputation et à l'image de leur patrie. Avec un temps de retard, le président Xi Jinping prenait la mesure du problème et de sa dangerosité. Il décrétait, le 23 janvier 2020, deux jours avant le Nouvel An chinois, le confinement de plusieurs dizaines de millions de personnes à Wuhan et dans ses alentours. L'Organisation mondiale de la santé (OMS), après une visite sur place les 21 et 22 janvier, déclenchait le 30 janvier l'urgence mondiale, le plus haut niveau d'urgence sanitaire. L'organisation onusienne sera accusée par la suite d'avoir trop ménagé la Chine. Donald Trump ira jusqu'à juger Pékin responsable de l'expansion de la pandémie. Il annonce, le 14 avril, la fin des financements américains à l'institution et le retrait des États-Unis de l'organisation en juillet 2020. Joe Biden annule la procédure de retrait dès janvier 2021.

Les gouvernements occidentaux, dans un premier temps, n'ont pas pris conscience de l'imminence du danger, estimant que ce type de crise endémique ne pouvait survenir qu'en Asie ou en Afrique. Ils ont donc d'abord observé l'épidémie, de loin, rassurant leurs populations sur l'impossibilité de déclenchement d'une telle épidémie sur leur sol.

Le virus se transmettant facilement et son niveau de létalité étant relativement élevé, les capacités hospitalières, y compris des pays riches, ont été débordées. Des mesures très sévères ont été prises pour limiter l'expansion de la pandémie. Les frontières ont resurgi de façon hermétique, tandis que pour certains la globalisation signifiait leur disparition (cf. chapitre *La fin des frontières*, p. 193). À partir du 12 mars, plusieurs pays de l'Union européenne ont fermé leurs frontières internes à l'espace Schengen. Même des pays profondément liés comme la France et l'Allemagne ont rétabli leurs frontières communes.

Le trafic aérien a été, dans la foulée, pratiquement stoppé. Le nombre de passagers aériens, qui ne cessait d'augmenter, était pourtant passé de 1 milliard en 1990 à 4,5 milliards en 2019. Il devenait, d'un coup, quasiment nul.

Le confinement s'est graduellement généralisé, d'abord à l'Europe puis au reste du monde. Le 2 avril 2020, 4 milliards de personnes étaient confinées chez elles à travers le monde. La plupart des activités économiques ont été ainsi mises à l'arrêt, les restaurants et bars fermés. Les compétitions sportives nationales comme internationales se sont vues interrompues ou reportées, ce que même la Seconde Guerre mondiale n'était pas parvenue à faire dans ces proportions. La planète entière s'est mise à l'arrêt.

La pandémie de Covid-19 a alors révélé un autre effet de la mondialisation : pour la première fois, l'ensemble de l'humanité partageait la même peur. Pour ce qui est des conséquences stratégiques, cette crise est plutôt venue accentuer des tendances existantes (qui sont citées dans plusieurs chapitres de ce livre), mais n'en a pas créé de nouvelles.

Parmi ces tendances, on peut noter la fin de la domination occidentale sur le monde. Le monde occidental a été pris de court par la pandémie, pensant qu'il ne pouvait pas être atteint, protégé par sa puissance, sa richesse et la qualité de ses équipements hospitaliers. On a vu au contraire des hôpitaux débordés et même des fosses communes à New York. Face à la pandémie, le monde occidental n'a pas été mieux loti que le reste du monde. La pandémie est venue confirmer, aux yeux des émergents et du reste du monde, que l'Occident avait perdu de sa superbe et de sa revendication à vouloir diriger le monde.

Les États-Unis de Donald Trump ont confirmé leur dérive unilatéraliste, illustrée par leur décision de couper les crédits à l'OMS en pleine crise pandémique. Si la gestion de cette dernière peut être critiquée, les reproches émis par Donald Trump étaient très largement excessifs et avant tout motivés par son hostilité viscérale envers toute institution internationale. S'attaquer à l'OMS constituait surtout un enjeu électoral pour Donald Trump. C'était un geste de plus envers son électorat, lui aussi hostile au système onusien et au multilatéralisme, accusé de brider la souveraineté des États-Unis et de lui coûter trop cher. Le président américain voulait, enfin, trouver un bouc émissaire afin de détourner l'attention : il avait lui-même tardé à réagir.

La Chine confirmait sa montée en puissance, bien qu'elle fût la première frappée. Elle organisait, une fois la crise maîtrisée en interne, un vaste système d'aide sanitaire international, soutenu par une mise en scène appuyée, principalement (mais pas seulement) destinée aux pays africains. Elle entendait donner l'image d'une puissance responsable et bienveillante, à l'opposé des États-Unis qui, repliés sur eux-mêmes, refusaient d'autant plus d'aider les autres pays qu'ils avaient du mal à gérer la crise en interne. Cette communication permettait à la Chine de marquer des points sur le plan diplomatique, mais elle était également perçue comme une propagande excessive. Toujours est-il que contrairement à ce qu'avaient prédit les adversaires de Pékin au déclenchement de la crise, celle-ci n'allait pas entraver la montée en puissance de la Chine. Et ce d'autant plus que la panne économique provisoire de la Chine avait eu des répercussions immédiates dans tous les autres pays, y compris chez ses rivaux japonais et américains, du fait de la place centrale de l'empire du Milieu dans l'économie mondiale. Là où la Chine ne pesait que 4 % du PIB mondial en 2003, elle en représente désormais plus de 18 %. Ainsi, lorsqu'elle s'enrhume, c'est bien le monde entier qui tousse.

La rivalité sino-américaine a également été exacerbée au cours de la pandémie. Après avoir loué la gestion de la crise sanitaire par la Chine en janvier – moment auquel la Chine et les États-Unis parvenaient finalement à un accord commercial – Donald Trump parlait d'un « virus chinois » et mettait directement en cause la responsabilité de Pékin. La Chine répondait à ces attaques en interrogeant, par la voix de certains de ses diplomates, le rôle des États-Unis dans la création et la diffusion de ce virus. Un duel sur fond de complotisme.

Le Covid-19 a également illustré de façon dramatique la crise du multilatéralisme, les Chinois et les Américains se déchirant plutôt que de coopérer au moment où le monde était en danger, l'OMS étant mise en cause et le chacun-pour-soi tendant à l'emporter. Pourtant, la pandémie ne connaît ni frontières ni nation, et sa contagion expresse devrait recevoir une réponse collective.

De nouvelles vagues de Covid-19 ont sévi à travers le monde entre 2020 et 2022, les États-Unis, l'Europe et l'Amérique latine restant les régions les plus touchées. Le développement et la production de vaccin au tournant de 2021 par des entreprises américaines, britanniques, chinoises et russes, permirent aux pays riches d'envisager une sortie de crise courant 2021. Mais l'OMS alertait au printemps 2021 sur le risque que faisait courir le différentiel de vaccinations entre les pays riches et les pays pauvres, pour l'objectif même de mettre fin à la pandémie à l'échelle globale. Le développement de variants du virus d'origine apparus au Royaume-Uni, en Afrique du Sud, en Inde, au Brésil, fait par ailleurs toujours peser la crainte du développement de nouvelles vagues épidémiques.

En 2021, après l'arrêt économique global, le monde renouait avec la croissance, mais le ralentissement de certains cycles de production et de l'intensité des échanges induisaient également le retour d'une importante inflation à l'échelle mondiale, phénomène grandement accentué par la guerre en Ukraine début 2022.

En résumé

Le Covid-19 est une illustration dramatique de la mondialisation – contraction du temps et de l'espace. Il a mis – provisoirement ? – le monde à l'arrêt. Il a amplifié des tendances stratégiques déjà existantes : crise du multilatéralisme, duel sino-américain, fin du monopole occidental de la puissance...

CHAPITRE 3

LE TERRORISME

Le 11 septembre 2001, Al-Qaïda frappait spectaculairement les États-Unis, au sommet de leur puissance, par de meurtriers attentats visant le World Trade Center à New York et le Pentagone à Washington. En juin 2014, Daech (organisation de l'État islamique en Irak et au Levant) créait un État terroriste de 200 000 km^2, à cheval sur les territoires syrien et irakien. Pour la première fois, un groupe terroriste se dotait d'une assise territoriale.

Le terrorisme est certainement le sujet stratégique le plus souvent traité dans les médias. Il est présenté comme étant la principale menace pesant sur la sécurité des pays occidentaux. Les attentats de janvier 2015 contre *Charlie hebdo* et l'épicerie Hyper Cacher ont suscité une immense émotion et conduit à des manifestations d'ampleur inédite réunissant des millions de personnes en France. Elle a cependant été à nouveau frappée le 13 novembre 2015 (130 morts), en juin et juillet 2016 (89 morts), le 20 avril et le 1er octobre 2017 (respectivement 1 et 2 morts) et le 23 mars 2018 (4 morts). En 2020, un professeur fut décapité en région parisienne pour avoir montré les caricatures de Charlie Hebdo à ses élèves. Le terrorisme a également touché la Belgique, l'Espagne, l'Allemagne, le Royaume-Uni et les États-Unis. Mais les Occidentaux sont loin d'en être les seules victimes.

Des pays non occidentaux en sont également la cible, même si cette problématique y occupe une place moins importante dans le débat public. La Turquie, la Tunisie, la Russie, la Côte d'Ivoire, le Mali, le Nigeria, l'Irak, la Syrie, l'Afghanistan, l'Inde, le Pakistan et la Somalie ont notamment été dramatiquement atteints.

Il y a une grande différence entre les dégâts causés par le terrorisme et l'ampleur des réactions qu'il suscite. Dans l'esprit du public et des médias occidentaux, il a remplacé comme élément majeur de menace le péril soviétique. Pourtant, il ne remet pas en cause l'existence même du monde occidental : il n'est pas une puissance, mais un moyen d'action. Comme l'a déclaré Barack Obama : « *Des grappes de combattants à l'arrière des pick-up, des esprits malades complotant dans des appartements ou des garages, posent un énorme danger aux civils mais ne représentent pas, comme Daech veut le faire croire, une menace essentielle pour notre nation.* » Certes, le fait qu'un attentat puisse survenir en tout endroit et à tout moment suscite des angoisses disproportionnées par rapport à la réalité de la menace. Il peut éventuellement frapper les citoyens de tout pays dans leur quotidien : les transports, les écoles, les magasins, etc. Le terrorisme brise la distinction combattant/non-combattant. Il fait du monde entier un champ de bataille éventuel. Le nombre de morts qu'il suscite est relativement limité par rapport à d'autres menaces, mais son territoire éventuel est illimité. Raymond Aron écrivait déjà en 1962 que le terrorisme était une action de violence dont les effets psychologiques sont hors de proportion avec les réalités purement physiques. Contrairement à une idée reçue, le 11 septembre 2001 ne constitue pas une rupture géopolitique. La place respective de chaque puissance n'en a pas été modifiée, pas plus que les rapports de force internationaux. Mais il a, de façon particulièrement spectaculaire, montré qu'à partir d'un pays lointain, enclavé et déshérité, on pouvait organiser des attentats qui allaient frapper au cœur la première puissance mondiale.

Le terrorisme est une forme de guerre asymétrique à laquelle des groupes ont recours afin de contourner la puissance militaire de leurs adversaires. Cette dernière affranchit presque totalement les pays occidentaux de la crainte d'une menace extérieure. Les attentats terroristes demeurent leur principale faille sécuritaire.

Il n'y a pas une définition unique du terrorisme. Personne n'accepte ce qualificatif. Ceux qui sont décrits comme terroristes par les uns se considèrent eux-mêmes comme des résistants. Pendant les guerres coloniales, l'ONU avait admis la possibilité du recours à la force pour obtenir l'indépendance, mais il concernait des actions armées contre des forces coloniales et non pas des attentats contre la population civile. Une ébauche de consensus pourrait être trouvée sur la définition suivante : le terrorisme est un acte politique (il n'est donc pas dicté par des motivations criminelles ou économiques), il s'exerce au moyen d'actes violents (il ne s'agit pas de propagande ou de débats idéologiques) et il s'en prend de façon indéterminée à des civils (les forces armées de l'adversaire ne sont pas les seules cibles visées). Mais il reste une clause majeure de désaccord : le terrorisme est-il le seul fait de groupes infra-étatiques, ou des actes terroristes peuvent-ils également être commis par des États (bombardements de population civile, dommages collatéraux, milices paramilitaires escadrons de la mort, etc.) ? L'Iran a dénoncé comme acte terroriste l'assassinat du général Soleimani, numéro deux de son régime, sur le territoire irakien par un missile américain en janvier 2020.

Le terrorisme est désormais considéré comme une menace majeure dans les pays occidentaux, la Russie, les pays arabes et musulmans… D'après le *Global Terrorism Index 2020* de l'Institute for Economics & Peace (IEP), le nombre de morts liés à des attentats a diminué de 15 % en 2019 par rapport à 2018, atteignant 13 826 morts. Il s'agit de la 15e année de diminution consécutive. Les régions les plus touchées sont le Moyen-Orient et l'Afrique, avec au premier rang l'Afghanistan où 5 725 personnes ont été victimes du terrorisme, représentant plus de 40 % du bilan mondial. Viennent ensuite le Nigeria, le Burkina Faso, qui a connu une augmentation significative du nombre d'attaques et de victimes du terrorisme au cours des dernières années, le Mali et la Somalie.

Pour lutter contre le terrorisme, certains régimes peuvent être tentés d'employer des moyens répressifs bafouant le respect des droits de l'homme. Certains estiment qu'il ne faut pas s'interroger sur les causes du terrorisme car cela reviendrait à lui trouver des excuses, et donc à le légitimer. Or, si l'on doit lutter efficacement contre le terrorisme, il convient de réfléchir à ses causes et ne pas prendre de décisions qui ont pour résultat d'en aggraver le mal. Un des objectifs de Daech est de creuser le fossé entre les musulmans et les non-musulmans. L'amalgame musulmans/terroristes, notamment dans certains pays occidentaux, y contribue. Seuls, les moyens militaires sont insuffisants et peuvent au contraire contribuer à le nourrir. La guerre d'Irak de 2003, qui devait combattre le terrorisme, a largement contribué à le développer. C'est la mise en place de solutions politiques aux conflits non résolus (lutter contre les régimes corrompus, éviter l'enlisement des conflits) qui est le meilleur remède.

Le terrorisme d'extrême droite, sur fond de haine des musulmans, peut aussi frapper comme à Utoya (Norvège, 2011), Christchurch (Nouvelle-Zélande, 2019) et Hanau (Allemagne, 2020). Aux États-Unis, les crimes de masse commis par des suprémacistes blancs se multiplient.

Depuis 2016, Daech a perdu la quasi-totalité de son territoire. Son chef Abou Bakr al-Baghdadi a été tué en 2019. Mais sa mort, pas plus que celle de Ben Laden en 2011 ou de son successeur Al-Zawahiri en août 2022, ne signifie pas la fin du terrorisme.

Anéantir le terrorisme nécessite de s'attaquer également à ses causes.

En résumé

Présenté comme la menace stratégique majeure, le terrorisme a un impact médiatique et psychologique bien supérieur à ses effets stratégiques réels. L'efficacité dans la lutte contre le terrorisme passe plus par des moyens politiques que militaires.

CHAPITRE 4

LA PROLIFÉRATION NUCLÉAIRE

La lutte contre la prolifération des armes nucléaires est un objectif géopolitique prioritaire pour les puissances nucléaires. Ces dernières font pourtant dépendre leur propre sécurité de la possession d'un arsenal nucléaire.

La peur de la prolifération des armes nucléaires est apparue avec la naissance de cette catégorie d'arme. Dès 1945, les Américains vont proposer aux Soviétiques de renoncer à leur monopole atomique, en échange d'une internationalisation du cycle de l'atome pour empêcher à l'avenir tout pays de se doter de l'arme suprême (plan Lilienthal-Baruch). La première résolution des Nations unies est un appel au désarmement nucléaire général et complet.

En matière de prolifération, le principe est celui du « N + 1 ». Chaque pays estime que sa possession de l'arme nucléaire ne compromet pas la sécurité du monde, mais, à leurs yeux, celle-ci le serait si un pays supplémentaire rejoignait le club atomique. Les États-Unis pensaient que leur monopole nucléaire ne mettait pas en danger la planète du fait de leur caractère démocratique et des valeurs universelles qu'ils incarnaient. L'URSS estimait qu'un équilibre entre les deux superpuissances était atteint avec leur maîtrise de l'arme. En vertu d'accords antérieurs, les États-Unis avaient aidé la Grande-Bretagne à devenir une puissance nucléaire. Moscou et Washington allaient vivement lutter pour que ni la Chine ni la France ne puissent obtenir ce statut. Mais les efforts soviétiques ont concerné avant tout leur allié chinois tandis que les Américains s'efforçaient d'entraver la marche française vers l'atome nucléaire. Pékin et Paris estimaient que leur accès au club nucléaire brisait le condominium soviético-américain et créait un nouvel équilibre stratégique planétaire. Paris a aidé Israël à se doter de l'arme nucléaire, mais après la mise au point de sa propre arme, la France a cessé toute collaboration en ce domaine avec l'État hébreu.

En 1968 était signé le traité de non-prolifération des armes nucléaires (TNP) qui définit deux catégories d'États : les États dotés d'armes nucléaires (c'est-à-dire qui ont procédé à un essai avant le 1er janvier 1967) et ceux qui n'en ont pas et renoncent à en avoir à l'avenir. Il consacre le statut des cinq États nucléaires officiels : États-Unis, Union soviétique, Royaume-Uni, France et Chine. Trois États n'ont pas signé le TNP – et donc ne violent pas ses obligations – et se sont par la suite dotés de l'arme atomique, à savoir Israël, l'Inde et le Pakistan. La Corée du Nord, signataire du traité, l'a dénoncé en 2003 et est devenue une puissance nucléaire. Elle a procédé à six essais nucléaires, dont un thermonucléaire, depuis 2006.

Si, par exemple, le leader nord-coréen Kim Jong-un présente un profil inquiétant, il n'en demeure pas moins rationnel. Son but n'est ni de conquérir la Corée du Sud ni de détruire les États-Unis, mais de se maintenir au pouvoir. L'arme nucléaire lui sert d'assurance-vie ; c'est pourquoi il est douteux qu'il accepte d'y renoncer.

La volonté de non-prolifération tient dans le caractère exceptionnel de l'arme nucléaire : celle-ci est un égalisateur de puissance ; pour dissuader un autre État nucléaire, il n'est pas nécessaire d'avoir autant d'armes que lui. Le nucléaire, contrairement aux armes conventionnelles, libère de la loi du nombre. La possession de l'arme qualifiée de « suprême » est donc un privilège. Les possesseurs refusent naturellement le partage. Il y a chez eux une certaine contradiction : ils disent devoir assurer leur sécurité par la possession d'armes nucléaires en vertu du concept de dissuasion, mais estiment

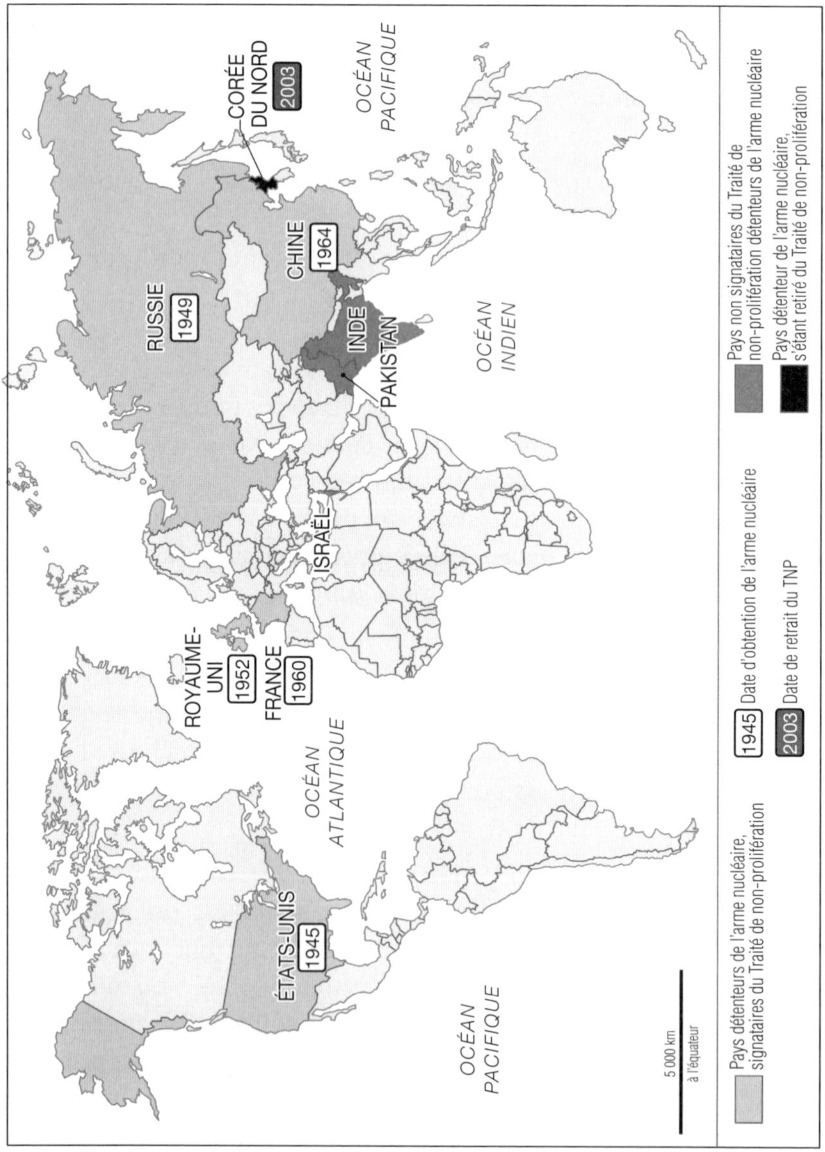

L'arme nucléaire dans le monde

que l'accession par d'autres pays à cette arme compromettrait la sécurité internationale. Ce sont les pays les plus puissants qui justifient pour leurs besoins de sécurité le fait de pouvoir avoir le monopole d'une arme qui vient accentuer les différences de statut. On a fait valoir que si la dissuasion était un gage de sécurité, chaque pays devrait avoir l'arme nucléaire pour que la paix mondiale soit assurée. Il est néanmoins plus que probable que la multiplication du nombre d'acteurs possédant l'arme nucléaire viendrait multiplier les risques d'utilisation malencontreuse ou accidentelle de l'arme.

Les grandes puissances se sont également retranchées derrière l'argument de l'irrationalité. Les États-Unis et l'URSS estimaient que ni de Gaulle ni Mao n'étaient suffisamment dignes de confiance pour se retrouver à la tête d'un arsenal nucléaire. Par la suite, l'argument a servi à l'encontre des autres pays proliférateurs que sont l'Inde, le Pakistan puis l'Irak, l'Iran et la Corée du Nord. On constate cependant que, à chaque fois, un pays qui veut posséder l'arme nucléaire ne le fait pas pour des visées agressives à l'égard de ses rivaux. L'objectif principal est de « sanctuariser » son territoire, et/ou son régime, c'est-à-dire de s'assurer qu'aucune menace ne pèse sur lui grâce à l'effet dissuasif de l'arme nucléaire.

Elle représente le paradoxe de pouvoir s'affranchir des distances. En effet, grâce aux missiles balistiques, il n'est pas nécessaire d'avoir une frontière commune pour déclencher une guerre ou exercer une dissuasion nucléaire.

L'arme nucléaire a donc bouleversé la géopolitique en révolutionnant la conception de la guerre. Avec l'arme nucléaire, c'est le risque de destruction totale d'un territoire qui est le gage de non-déclenchement du conflit.

Néanmoins, les mouvements demandant l'interdiction des armes nucléaires se développent. En 2017, le prix Nobel de la paix a été remis à l'ICAN (campagne internationale pour l'abolition des armes nucléaires).

La prolifération pourrait-elle être relancée par la guerre en Ukraine ? C'est en tout cas bien parce que la Russie possède l'arme nucléaire que les Occidentaux n'ont pas voulu entrer en guerre contre elle.

En résumé

> Les puissances nucléaires ont un raisonnement contradictoire. Elles estiment que leur sécurité est assurée par la dissuasion nucléaire mais que l'augmentation du nombre d'États possédant l'arme nucléaire renforcerait le risque de déclenchement d'une guerre atomique. Elles ont donc pris des mesures pour en empêcher la prolifération. Cette politique a été graduellement acceptée par la plupart des pays non-nucléaires.

Expliquez-moi... en vidéo !

LA PROLIFÉRATION NUCLÉAIRE

https://www.editions-eyrolles.com/go/geopolitique01

CHAPITRE 5

LA PERMANENCE DE LA GUERRE

L'espoir d'un monde sans guerre fait rêver l'humanité depuis longtemps. Mais la fin de la guerre froide, contrairement aux espoirs suscités, n'a pas débouché sur la fin des conflits.

En 1795, Kant avait publié son *Projet de paix perpétuelle.* Au XVIIIe siècle, certains estimaient que le développement des relations commerciales entre États conduirait à la fin de la guerre en imposant « la paix par le commerce ».

Au printemps 1914, Henry Noel Brailsford, l'un des plus influents auteurs anglais de relations internationales, écrivait un livre, *The War of Steel and Gold*, où l'on peut lire : « *Il n'y aura plus de guerre entre les six grandes puissances.* » H.G. Wells écrivait la même année : « *À l'aube du XXe siècle, rien n'aurait pu être plus évident que la rapidité avec laquelle la guerre devenait impossible.* »

C'est à tort que la Première Guerre mondiale, qui avait éclaté peu après, avait été qualifiée de « la der des ders ».

Après la chute du mur de Berlin, l'illusion d'un monde sans guerre ressurgissait. Les Occidentaux ont pensé que le spectre de la guerre était définitivement éloigné. C'était une double erreur. C'était d'abord bien à tort que l'on qualifiait la période postérieure à 1945 d'après-guerre. Si l'Europe a été épargnée par les conflits, à l'exception d'une guerre entre la Turquie et la Grèce, deux membres de l'OTAN, en 1974, les autres continents ont été secoués entre 1945 et 1990 par près de 160 conflits qui ont fait plus de 40 millions de morts. Et la guerre a repris pied, au début des années 1990, dans l'Europe balkanique.

Par ailleurs, les théories de *fin de l'Histoire* ou de *nouvel ordre mondial* ont rapidement été balayées par les réalités géopolitiques. Si la compétition Est-Ouest a été le principal clivage de la seconde moitié du xxe siècle, sa fin ne signifiait pas la fin des guerres sur la surface de la planète.

La compétition soviético-américaine ne se réduisait pas à un conflit idéologique. Celui-ci existait mais venait se superposer à une rivalité géopolitique classique entre les deux principales puissances issues de la Seconde Guerre mondiale. Même si l'Union soviétique n'avait pas eu un régime communiste, il eût été impossible pour les États-Unis de laisser un pays contrôler l'ensemble du continent eurasiatique. Mais il était plus facile de mobiliser les soutiens intérieurs (opinion américaine) et extérieurs (peuples européens notamment) sur des motifs idéologiques (défense des libertés, de la démocratie) que sur des rivalités stratégiques (qui étendent son contrôle le plus loin possible). Les premiers sont venus masquer les secondes.

Si Gorbatchev avait réussi son pari de réformer le communisme en Union soviétique en le débarrassant de ses aspects liberticides sur le plan intérieur, agressifs sur le plan extérieur, et donc de garder l'assise territoriale de l'URSS, la rivalité entre Moscou et Washington se serait poursuivie sous d'autres formes.

Toujours est-il que les rivalités étatiques ont préexisté à la naissance du communisme et ont survécu à la chute de ce dernier. Les causes des conflits sont diverses : elles peuvent être territoriales, économiques, être l'effet d'une lutte pour l'accès à l'énergie, à l'eau, aux matières premières ou pour le contrôle des populations, des flux migratoires, être le fruit d'une escalade mal maîtrisée. Elles sont toujours prégnantes et ne sont pas près de disparaître.

Une fois de plus, le développement des relations commerciales – du fait de la mondialisation – est présenté comme une assurance contre l'irruption de nouveaux conflits. Le développement technologique est également présenté comme ayant une vocation par nature pacifique ; cela peut jouer dans les deux sens. La période postérieure à la chute du mur de Berlin n'a pas été avare en conflits sanglants et massacres à grande échelle.

Le fait d'éviter le déclenchement de nouveaux conflits dépend non pas des évolutions technologiques ou économiques, mais des décisions politiques, des orientations prises par les gouvernements et les peuples.

Le développement de l'information et la prise de conscience de l'opinion les rendent plus insupportables qu'auparavant. Le 24 février 2022, les troupes russes se lancent à l'assaut de l'Ukraine qui subissait des bombardements importants. Les pays occidentaux se disaient solidaires de l'Ukraine sans pour autant la défendre directement sur le plan militaire. Ils fournissaient du matériel militaire et décrétaient d'importantes sanctions contre la Russie. La guerre interétatique, que l'on croyait révolue, faisait un retour spectaculaire en Europe.

En résumé

L'aspiration à un monde sans guerre a, à diverses reprises, créé l'illusion de son avènement. Mais, contrairement à ce qui a été maintes fois espéré, ni le développement des relations commerciales ni le développement technologique n'ont produit ce résultat. Ce sont les décisions politiques qui sont responsables de la guerre ou de la paix.

CHAPITRE 6

LE DÉRÈGLEMENT CLIMATIQUE

Le dérèglement climatique aura des répercussions stratégiques majeures à même de mettre en cause la sécurité internationale.

Il est principalement caractérisé par l'augmentation de la température moyenne de l'atmosphère à l'échelle mondiale. La quasi-unanimité des scientifiques, notamment le Groupe d'experts intergouvernemental sur l'évolution du climat (GIEC), attribuent ce réchauffement à l'activité humaine, en particulier à l'augmentation des émissions de gaz à effet de serre.

Sont mis en cause l'usage excessif des combustibles fossiles (charbons, pétrole, gaz) et la déforestation. L'effet est la diminution des banquises, le recul des glaciers, l'augmentation de la température et du niveau de la mer. Cela menace à terme la production agricole, les ressources en eau et intensifie et multiplie les phénomènes de sécheresse et d'incendies. La désertification ou la submersion de certains territoires, déjà visible dans certaines parties du globe, entraînera des phénomènes migratoires massifs.

La raréfaction des ressources des terres habitables sera une source de conflit. Le réchauffement climatique est la principale menace qui pèse sur la survie de la planète.

Si la prise de conscience de ce phénomène est largement répandue, y compris dans l'opinion publique, grâce notamment à l'action des ONG, si les solutions techniques et politiques sont répertoriées, la volonté politique collective a longtemps fait défaut. Le protocole de Kyoto, signé en 1998, n'avait été ratifié ni par les États-Unis ni par la Chine, pourtant les deux principaux émetteurs de gaz à effet de serre. Les conférences internationales de Copenhague (2009), de Cancún (2010), de Durban (2011), de Doha (2012) et de Varsovie (2013) n'ont pas débouché sur des accords contraignants contrairement à la conférence de Paris (COP21), qui s'est tenue en décembre 2015. Bien que certains le jugent d'ampleur limitée, il a constitué un retournement bienvenu de tendance. Il a notamment été décidé de créer un fonds vert pour le climat, alimenté de 100 milliards de dollars par an, et de limiter l'augmentation du réchauffement climatique à 1,5 % d'ici 2050. Malheureusement, Donald Trump a décidé du retrait des États-Unis de l'accord de Paris en 2019 avant que Joe Biden décide d'y revenir dès janvier 2021. Le président brésilien Jair Bolsonaro et l'ancien Premier ministre australien Scott Morrison (dont les pays ont pourtant été affectés par des incendies massifs en 2019 et 2020) sont également ouvertement climatosceptiques. La Chine en a profité pour réaffirmer son intention de jouer les « bons élèves » dans la lutte contre le réchauffement climatique.

En 2007, le prix Nobel de la paix a été attribué conjointement à Al Gore et au Groupe d'experts intergouvernemental sur l'évolution du climat (GIEC). Le comité Nobel émettait un message à caractère géopolitique, en plaçant la protection de l'environnement au cœur de la problématique de la paix et de la guerre. La lutte contre le réchauffement climatique n'est pas seulement une affaire scientifique, un enjeu technologique ou économique ; c'est aussi une question éminemment stratégique. Il est certain qu'au rythme où se dégrade l'environnement de la planète, l'avenir de l'humanité peut paraître plus gravement mis en danger par le réchauffement climatique que par les risques classiques mis en avant, comme le terrorisme ou la prolifération des armes de destruction massive. Cela fait déjà quelque temps que des experts stratégiques intègrent à leurs préoccupations et leur raisonnement la préservation de l'environnement. Ce lien paix-environnement est vrai au niveau global, mais il l'est également au niveau local.

Dans certaines régions d'Afrique, la sécheresse est un facteur de déclenchement ou d'aggravation des conflits, par l'exacerbation de la lutte pour des ressources devenues plus rares. Selon l'ONU, la dégradation des terres, avec la désertification du Darfour au Soudan, a été l'une des causes du démarrage du conflit qui ensanglante aujourd'hui encore la région. En cas de montée des eaux, les habitants du delta du Nil ou ceux du Bangladesh seraient touchés. La problématique des « réfugiés climatiques », qui pourraient se compter en dizaines de millions, est de plus en plus évoquée. Mais où pourront-ils se réfugier sans aggraver des tensions géopolitiques déjà fortes ? Quelle pourrait être la conséquence, par exemple, de la fonte des glaciers de l'Himalaya dont l'apport en eau est vital pour l'Inde, le Pakistan et le Bangladesh ? On le voit, les exemples d'interaction entre protection de l'environnement et maintien de la paix sont nombreux.

Aujourd'hui, les États-Unis, la Chine et l'Union européenne sont d'accord pour faire de la lutte contre le réchauffement climatique un objectif commun, et ne plus la considérer comme un frein à la croissance. Il leur est cependant toujours difficile de prendre des décisions pénalisantes dans l'immédiat et dont les effets positifs sont visibles à bien plus long terme que le rythme des échéances électorales et des alternances politiques.

En résumé

Le réchauffement climatique est le produit de l'activité humaine. Les opinions publiques sont conscientes du danger qu'il peut faire peser sur l'avenir de l'humanité. Les gouvernements de la quasi-totalité des États sont enfin parvenus à s'entendre sur l'établissement de mesures contraignantes visant à enrayer ce phénomène, par la signature de l'accord de Paris en décembre 2015. Mais les mesures urgentes et nécessaires pour – si ce n'est inverser – ralentir le phénomène tardent à être mises en place.

CHAPITRE 7

LE CHOC DES CIVILISATIONS

Le concept de *choc des civilisations* a été développé par l'universitaire américain Samuel Huntington dans un article publié en 1993 au sein de la revue *Foreign Affairs*. Selon lui, la fin de la guerre froide ne signifiait pas la fin des guerres, mais leur mutation. Après avoir été des guerres quasi personnelles entre monarques, elles ont, à la suite de la Révolution française, opposé des nations entières. Au XXe siècle, les guerres étaient devenues idéologiques : communisme contre libéralisme, nazisme et fascisme contre l'alliance des démocraties et du communisme. La guerre froide a également été une guerre idéologique. La disparition de l'URSS a mis fin à ce type de conflit mais, alors que Francis Fukuyama prédisait la *fin de l'Histoire* et donc des conflits, Samuel Huntington annonçait une nouvelle ère : celle des affrontements entre civilisations.

Il définit la civilisation comme une identité culturelle, avec des éléments objectifs (langue, religion, histoire, coutumes, institutions) et un élément subjectif (le sentiment d'appartenance). Huntington différencie huit types de civilisations : occidentale, confucéenne, japonaise, islamique, hindoue, slave-orthodoxe, latino-américaine et africaine. Contrairement aux guerres idéologiques où le changement de camp est possible, les affrontements entre civilisations sont fondamentaux. Il prédit que l'axe futur de la géopolitique sera un affrontement entre un monde occidental et un monde musulman. Il évoque également la montée en puissance du monde confucéen (autour de la Chine) et parle d'un possible axe confucéo-islamique, alliance destinée à renverser la domination occidentale.

La thèse de Huntington a connu un fort retentissement, au point de devenir centrale dans les débats géopolitiques. Son succès s'explique par le fait qu'elle apporte une grille de lecture universelle aux conflits, venant se substituer à l'ancienne clé de compréhension globale qu'était l'affrontement Est-Ouest. Les événements semblent également venir conforter la thèse du *choc des civilisations*. Avec la guerre du Golfe, quelques mois après la chute du mur de Berlin, Saddam Hussein a semblé défier le monde occidental. Puis ce fut, au début des années 1990, le commencement des guerres balkaniques dans un continent qui paradoxalement n'avait connu aucun conflit au cours de la guerre froide, les Croates étant des occidentaux, les Serbes, des slaves orthodoxes et les Bosniaques, des musulmans.

À y regarder de plus près, les choses sont moins simples. Une coalition internationale, à laquelle ont participé de nombreux pays arabes, s'est opposée à Saddam Hussein. L'histoire, la langue et les institutions ont réuni Serbes et Croates, séparés uniquement par la religion. Les conflits les plus sanglants dans les années 1990 ont été des guerres internes africaines, donc à l'intérieur de la même civilisation. De même, les conflits d'intérêt tactique potentiellement les plus dévastateurs opposent les deux Corées et la Chine à Taïwan.

Récemment, le rapprochement stratégique entre l'Arabie saoudite et Israël pour faire face à l'Iran montre les limites de cette théorie.

Mais c'est bien sûr l'opposition entre l'islam et le monde occidental qui retient l'attention, plus encore après les attentats du 11 septembre 2001. Plusieurs erreurs sont faites à propos de Huntington, qui était beaucoup plus souvent cité que réellement lu. Contrairement à ce qui est souvent avancé, il ne peut pas être assimilé aux néoconservateurs. Il a très fortement critiqué George Bush, notamment pour sa décision de déclencher la guerre d'Irak. Il appartient au courant réaliste des relations internationales : il ne préconise pas le choc des civilisations, mais décrit un phénomène qu'il essaie d'expliquer.

On peut reprocher à sa thèse un caractère trop déterministe. Il est impossible d'écrire l'Histoire à l'avance : les civilisations ne vont pas automatiquement s'affronter. Mais l'autre erreur qui est souvent commise consiste à nier cette hypothèse, tout en menant des politiques qui peuvent y conduire. Le choc des civilisations n'est ni inévitable ni inéluctable. Il ne prendra pas la forme d'un conflit généralisé entre tous les membres d'une civilisation, mais il est certain que l'existence d'un fossé entre monde musulman et monde occidental est l'un des principaux défis stratégiques actuels. Ce fossé pourra être réduit ou élargi selon les politiques qui seront menées de part et d'autre.

En résumé

Si la fin de la guerre froide signifie la fin des guerres idéologiques, celles-ci ne vont pas disparaître pour autant. Elles vont simplement changer de signification et opposer à l'avenir des civilisations. Celles-ci sont définies par des éléments objectifs (langue, histoire, religion) et un élément subjectif (sentiment d'appartenance). Selon cette théorie, la guerre la plus probable opposera la civilisation occidentale à la civilisation musulmane.

CHAPITRE 8

LES ÉTATS FAILLIS

Les États faillis sont ceux dont les gouvernements ne contrôlent pas effectivement le territoire. Ce vide constitue un défi sécuritaire et une catastrophe sociétale.

Les « *failed States* » ou « *collapsed States* » constituent un double défi géopolitique. Ce sont des États qui ne remplissent pas leurs fonctions traditionnelles régaliennes. Un État, c'est un gouvernement qui contrôle de façon effective un territoire et la population qui y vit. L'État détient, selon la définition de Max Weber, le « *monopole de la violence légitime* ». Un État failli n'exerce plus cette compétence. Son existence est donc sujette à question. Le monopole de la violence légitime est remis en cause par l'existence de guérillas, de bandes armées, de seigneurs de la guerre, de groupes paramilitaires, d'organisations criminelles ou terroristes qui imposent leur autorité sur une partie du territoire. L'État ne peut plus faire respecter ses règles de façon uniforme. On peut donc le définir comme un État qui ne peut plus assurer la sécurité et le développement de sa population et qui n'a pas le contrôle effectif de son territoire et de ses frontières étatiques. Un État failli ne peut donc pas assumer ses responsabilités nationales et internationales. La violence y est fragmentée et privatisée.

L'absence de contrôle du territoire est souvent le résultat d'une situation conflictuelle, d'un affaiblissement des structures étatiques, de la compétition de plusieurs groupes pour le contrôle d'une ressource. L'État failli entre souvent dans un cercle vicieux. Sa faiblesse est un facteur d'affaiblissement supplémentaire. Il ne peut pas lutter contre ses adversaires ; se constituent alors des zones grises propices à tous les trafics :

matières premières, êtres humains, armes, drogues, espèces en danger, œuvres d'art… Les différents groupes tirent de l'exploitation de ces biens les moyens de leur existence. Ils privent l'État des moyens de rétablir son autorité en captant, à son détriment, ses ressources.

Le think tank *Fund for Peace* et le magazine *Foreign Policy* publient chaque année le *Fragile States Index* (précédemment *Failed States Index*) qui prend en compte douze indicateurs répartis en trois catégories : sociale, économique et politique. En 2022, les dix « premiers » États faillis sont, dans l'ordre : le Yémen, la Somalie, la Syrie, le Sud-Soudan, la République centrafricaine, la République démocratique du Congo, le Soudan, l'Afghanistan, le Tchad et la Birmanie.

La faillite étatique se caractérise par une diversité de symptômes : pression démographique, violences communautaires, émigration chronique et soutenue, inégalités de développement, déclin économique, criminalisation, détérioration des services publics, non-respect des droits de l'homme ou intervention d'autres puissances.

En résumé

Lorsqu'un gouvernement ne contrôle pas son territoire de façon effective, que celui-ci est soumis à des autorités fragmentées, on peut alors parler d'État failli. L'absence d'autorité centrale crée un vide de sécurité, dans lequel s'engouffrent bandes armées, groupes criminels ou terroristes.

CHAPITRE 9

LES CYBERGUERRES

Le cyberespace, comme tout espace investi par l'homme, est – et sera – l'objet d'affrontements entre puissances.

Internet est le produit dérivé d'une invention militaire. Il s'agissait, pour l'armée américaine, de pouvoir continuer à communiquer de façon décentralisée après une éventuelle frappe nucléaire adverse.

Le cyberespace est devenu le cinquième domaine d'une guerre éventuelle après la terre, la mer, l'air et l'espace. Une attaque ciblée du système informatique peut porter un coup fatal à l'économie d'un pays ou endommager la maintenance d'usines fabriquant des matières dangereuses.

En 2007, une cyberattaque sur l'Estonie, attribuée à la Russie, l'a paralysée provisoirement. La majorité des hackers étaient en effet russes et protestaient contre le démontage d'un monument à la mémoire des soldats soviétiques morts pendant la Seconde Guerre mondiale. La difficulté est de savoir s'il s'agit de réactions privées ou organisées avec l'aide de l'État. En 2008, lors de sa guerre contre la Russie, la Géorgie a subi des attaques informatiques sur les sites des ministères des Affaires étrangères et de la Défense.

On ne sait pas grand-chose des armes pouvant être utilisées dans le cyberespace. La traçabilité d'une agression n'est pas évidente. De nombreux pays se dotent d'une cyberarmée. Les États-Unis se sont munis d'une cybercommande destinée à protéger leur réseau et à lancer d'éventuelles attaques contre leurs ennemis. L'OTAN réfléchit à la question de savoir si une cyberattaque pourrait être assimilée à une agression armée devant conduire les pays membres de l'Alliance atlantique à une action solidaire. Mais, en même temps, les États-Unis sont réticents au désarmement du cyberespace, craignant que cela ne conduise à une régulation rigide d'Internet contraire à leurs intérêts.

Les méthodes employées vont de la propagande et la désinformation à la collecte de données, au déni de service (en le rendant indisponible), au sabotage d'équipement et de matériel militaire qui permet la coordination des moyens de défense, et enfin aux attaques d'infrastructures sensibles. Les interruptions de fonctionnement peuvent être provisoires ou définitives. Il est possible de porter atteinte aux infrastructures stratégiques sans faire de morts. Il n'est pas toujours facile de déterminer qui est à l'origine de l'attaque, ce qui rend la riposte plus délicate.

Israël, inquiet de la dégradation de son image et des critiques de plus en plus nombreuses à son égard sur le Web, a mis en place une force de réaction et d'intervenants, qui doivent nourrir différents sites d'argumentaires favorables à la politique israélienne.

La Russie a été accusée d'interférence dans l'élection présidentielle des États-Unis de 2016, par le biais de hackers. Si des tentatives de manipulation sont en effet possibles, la défaite d'Hillary Clinton s'explique par de multiples autres facteurs internes.

En juin 2010, on a découvert le virus *Stuxnet* dans les ordinateurs des techniciens de la centrale nucléaire de Bushehr, en Iran, chargé d'espionner et de reprogrammer des systèmes industriels, des centrales hydroélectriques ou des centrales nucléaires. L'attaque provient probablement des services américains et israéliens.

Récemment, deux cyberattaques ont eu un retentissement planétaire : Wannacry, qui a touché 150 pays, et l'attaque partie d'Ukraine en juin 2017, qui a atteint de nombreuses entreprises

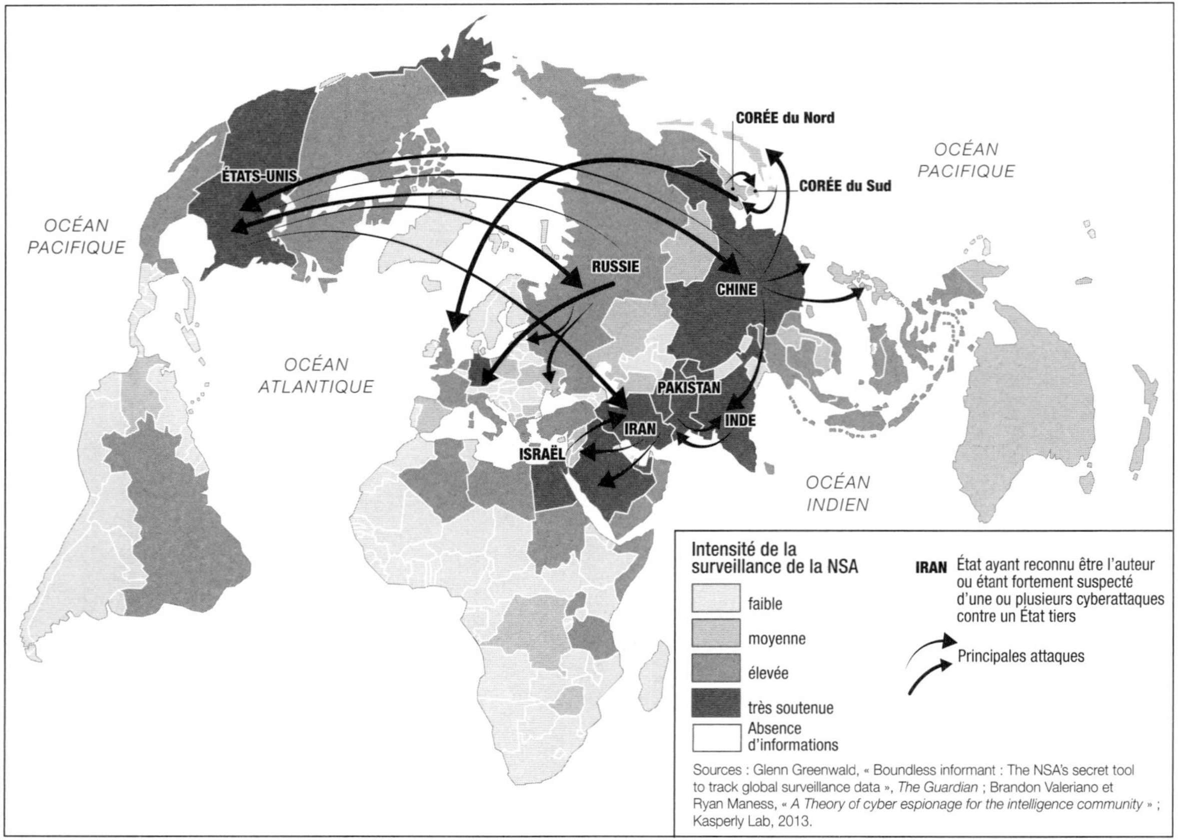

Les cyberguerres dans le monde

d'Europe de l'Est et occidentales (Rosneft, SNCF, LU, Merck, Auchan, Tchernobyl, etc.).

Institutions gouvernementales américaines, entreprise pharmaceutique Pfizer, hôpitaux français, Commission européenne et même Microsoft début 2021, nombreuses ont été les victimes de cyberattaques au cours de la pandémie de Covid-19, liées à l'intensification de l'usage des outils numériques. Cette multiplication des attaques a fait prendre conscience aux États de la nécessité d'accélérer la lutte contre ce phénomène de cybercriminalité.

En 2015, la Chine et les États-Unis ont négocié un accord stipulant que chaque pays s'abstiendrait d'attaquer l'autre dans le cyberespace. Le sujet a également été au menu du sommet entre Joe Biden et Vladimir Poutine en juin 2021 à Genève.

Dans la guerre qu'elle mène en Ukraine à partir de février 2022, la Russie fait un usage massif des cyberattaques. Entre février et juillet, l'Ukraine aurait subit près de 800 attaques, visant principalement les systèmes informatiques des autorités. Le front de la guerre en Ukraine est donc aussi cyber.

Pour certains analystes, les armes cyber vont occuper une place centrale dans les relations entre les grandes puissances, au même titre que les armes nucléaires du temps de la guerre froide.

Les États-Unis sont le pays qui a – de loin – la plus grande capacité en matière de cyberguerre, devant la Chine et la Russie. La France est le seul pays de l'UE à disposer de ce type de capacité.

En résumé

Après la terre, la mer, l'air et l'espace, le cyberespace est le cinquième territoire soumis aux rivalités des puissances. C'est donc un enjeu géopolitique. Des cyberarmées commencent à se créer, même si l'on reste encore dans un domaine où les formes et conséquences de l'affrontement demeurent largement méconnues.

CHAPITRE 10

LES MIGRATIONS

Les migrants sont des personnes vivant depuis au moins un an dans un pays dont ils ne sont pas citoyens. Les flux migratoires désignent un phénomène de déplacements de masse ayant des conséquences humaines, économiques et stratégiques.

Les réfugiés sont « toute personne qui, craignant avec raison d'être persécutée, du fait de sa race, de sa religion, de sa nationalité, de son appartenance à un certain groupe social ou de ses opinions politiques, se trouve hors du pays dont elle a la nationalité et qui ne peut, ou du fait de cette crainte, ne veut se réclamer de la protection de ce pays ». En 2021, le nombre de réfugiés est estimé à 27,1 millions, soit 0,34 % de la population mondiale et plus de 9 % de la population migrante.

Aux XVIe et XVIIe siècles, les mouvements migratoires se développent par les flux commerciaux et la colonisation. Ils sont avant tout Nord/Sud. Au XIXe siècle, la conjonction des dépressions économiques et des famines et l'amélioration des capacités de transport entraînent une forte augmentation des flux migratoires, notamment en provenance d'Europe et d'Asie, vers les États-Unis.

Au début du XXe siècle, on estime que les migrants représentent 5 % de la population mondiale. Ce plafond ne sera plus jamais atteint. La Première Guerre mondiale et la crise de 1929 vont réduire les flux. Dans la seconde partie du XXe siècle, ces flux s'inversent pour n'être plus majoritairement Nord/Sud mais plutôt Sud/Nord ou Sud/Sud. Des pays d'émigration comme l'Italie, l'Espagne et même le Royaume-Uni devinrent des pays d'immigration.

Le US Census Bureau estime qu'en 2020, aux États-Unis, pays développé aux flux les plus importants, le nombre d'immigrants (population née à l'étranger) s'élève à 44,1 millions d'habitants, soit 13,5 % de la population. L'ancien président américain Donald Trump a fondé sa campagne électorale sur la nécessité de lutter contre les flux migratoires qui entrent aux États-Unis, notamment en provenance d'Amérique latine et du monde musulman. Les migrants fuient la misère, les guerres civiles, les régimes répressifs ou l'absence de perspective et sont à la recherche de meilleures conditions de vie. Quitter son pays et ses proches n'est jamais une décision facile. Au cours de la guerre froide, ceux qui fuyaient la dictature, notamment communiste, étaient reçus à bras ouverts dans les pays occidentaux. Il est vrai qu'à l'époque, ces derniers ne connaissaient par ailleurs pas le chômage. Les choses ont bien changé. Après la prise du pouvoir par les communistes au Vietnam en 1975, la France accueille en un an 170 000 réfugiés (*boat people*), qui se sont rapidement intégrés. Par ailleurs, les « réfugiés économiques » sont devenus plus importants que les « réfugiés politiques ».

Le nombre de migrants a été multiplié par trois en quarante ans, passant de 75 millions en 1975 à 281 millions aujourd'hui (Organisation internationale pour les migrants [OIM], 2020). Ils représentent désormais 3,6 % de la population mondiale, un taux inférieur à celui du début du xxe siècle.

L'essentiel des mouvements se situe sur un axe Sud-Sud : d'après le Haut commissariat des Nations unies pour les réfugiés (HCR), en 2022, 83 % des réfugiés vivaient dans des pays en développement. Ce sont les États frontaliers de pays ravagés par des guerres civiles qui en accueillent la majorité. Touchés par la croissance du chômage et la montée du sentiment de rejet d'une partie de la population, les pays du Nord tentent de fermer leurs frontières, ou de mettre en place une « sélection », ce qui peut s'apparenter à un pillage des cerveaux, seuls les travailleurs qualifiés pouvant émigrer. Les populations du

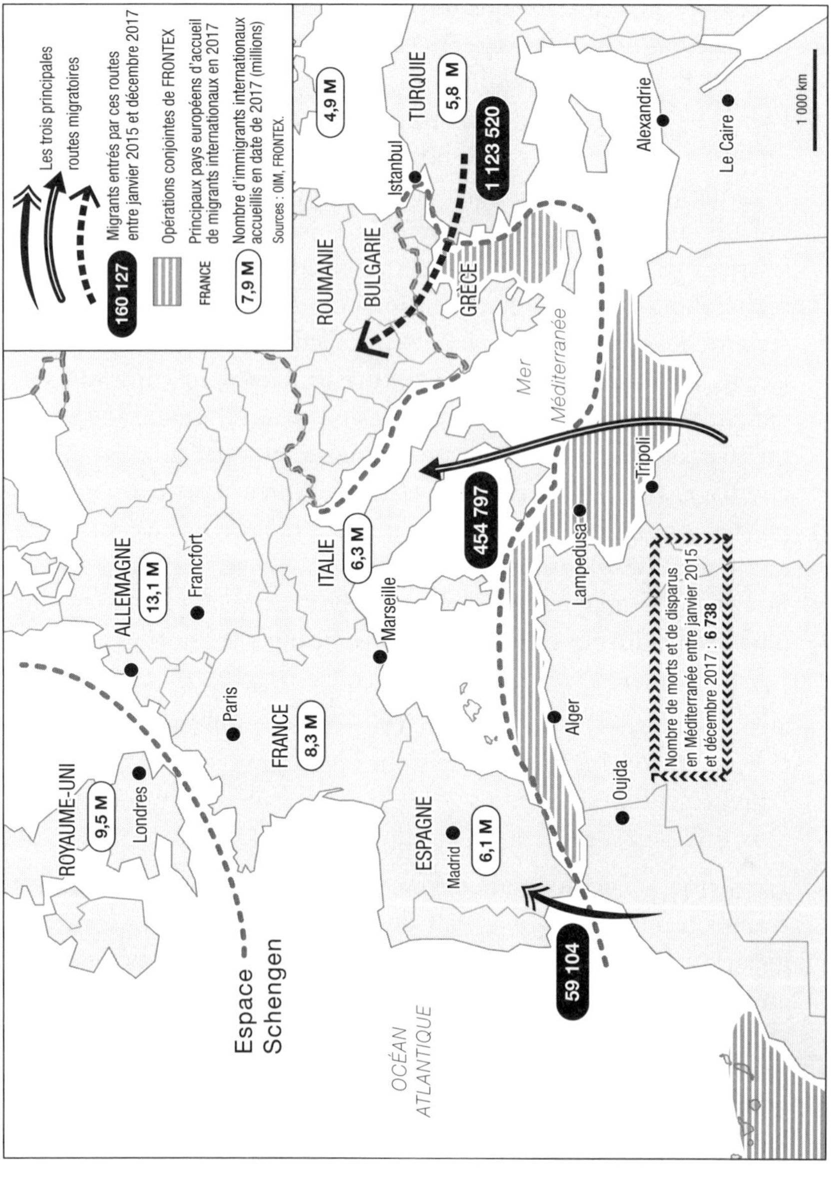

La « crise » migratoire en Europe

Nord craignent une perte de leur identité nationale (quand bien même ce sont des pays traditionnels d'émigration comme la France) et la concurrence pour l'emploi en période de chômage.

Chaque année, ce sont plusieurs milliers de migrants qui meurent en essayant de rejoindre l'Europe par la Méditerranée.

Ces drames ont créé un double choc psychologique dans les opinions, partagées entre la solidarité et la crainte des flux non maîtrisés.

Cette situation crée des tensions entre les pays européens ouverts aux réfugiés et ceux qui le sont moins, voire pas du tout. L'Europe apparaît pour les migrants comme un eldorado pacifique. Après le trafic d'armes et de drogues, le trafic d'êtres humains arrive en troisième position des secteurs d'activité les plus lucratifs du crime organisé. Selon certains experts des flux migratoires, la fermeture des frontières est inopérante à l'heure de la mondialisation et encadrer une libre circulation faciliterait le retour. Cette position est jugée politiquement difficilement défendable par la plupart des responsables politiques face au phénomène de rejet dans une partie importante des opinions occidentales, y compris dans des pays autrefois accueillants. C'est bien sûr à la source que l'on peut le mieux régler ce problème pour le développement économique et le règlement des conflits, objectifs incertains à atteindre à court terme.

En résumé

> **Les flux migratoires, autrefois Nord-Sud, sont désormais majoritairement Sud-Nord et Sud-Sud. Proportionnellement moins importants qu'il y a un siècle, ils suscitent plus de tensions.**

PARTIE 3

LES PRINCIPAUX CONFLITS ET CRISES

CHAPITRE 1

CHINE/ÉTATS-UNIS : LE PIÈGE DE THUCYDIDE ?

Pendant la guerre froide, les États-Unis, sous la direction de Nixon et Kissinger, ont opéré un spectaculaire rapprochement avec la Chine, mettant fin à une surenchère verbale, agressive et menaçante entre les deux pays. L'objectif était de contrebalancer la puissance soviétique en l'encadrant à l'ouest par l'OTAN et à l'est par la Chine. Les profondes divergences idéologiques, notamment sur le respect des droits de l'homme, entre Pékin et Washington étaient mises de côté au profit de la lutte contre le principal rival commun : l'Union soviétique.

À compter des années 1980, la Chine se lança dans une politique de libéralisation de son économie en s'ouvrant notamment aux investisseurs étrangers. Deng Xiaoping, leader de la République populaire de Chine (RPC) de 1978 à 1989, était impressionné par le dynamisme économique des États-Unis. Ces derniers ont vu dans l'ouverture de la Chine une opportunité économique pour leurs grands investisseurs et une façon d'intégrer le pays à la communauté internationale.

Après l'implosion de l'Union soviétique et parallèlement au développement constant de la Chine, on s'est demandé si cette dernière n'avait pas remplacé Moscou comme principale rivale des États-Unis. Les deux pays sont économiquement interdépendants, ce qui n'était pas le cas de l'URSS et des États-Unis. La Chine a besoin de l'accès au marché américain pour soutenir sa croissance, source de légitimité politique du Parti communiste, les États-Unis sont gourmands des produits bon marché chinois. Les composants « Made in China » permettent également une meilleure compétitivité aux entreprises technologiques américaines. Mais la Chine poursuit sa montée en puissance aussi bien économique que stratégique. Elle développe par ailleurs un excédent commercial à l'égard des États-Unis qui atteint un record d'environ 400 milliards de dollars par an, compensés par l'achat de bons du trésor américain.

En copiant les recettes économiques des États-Unis tout en maintenant le monopole politique du Parti communiste, la Chine a assuré de façon spectaculaire son décollage économique. Obama souhaitait orienter la politique des États-Unis vers le « pivot asiatique ». Il a voulu créer un traité transpacifique dont la Chine aurait été exclue : il s'agissait de contenir sa montée en puissance, mais sans agressivité.

Au cours de la campagne présidentielle de 2016, Donald Trump a mis en cause l'attitude de la Chine, l'accusant de piller les États-Unis par son excédent commercial et de détruire des emplois américains. Cette thématique était très populaire dans son électorat. Il a dans un premier temps laissé entendre qu'il pourrait abandonner la politique d'une seule Chine (ce qui implique la reconnaissance de Taïwan, sujet hypersensible à Pékin) et de taxer à hauteur de 45 % les importations chinoises, avant de revenir sur ses menaces. Soufflant le chaud et le froid, il alterna les propositions de coopération avec les menaces de guerre commerciale.

Les dirigeants chinois ont vivement répondu en déclarant que l'époque où l'on pouvait donner des ordres à leur pays était révolue.

En janvier 2020, une trêve est signée dans cette guerre commerciale, la Chine promettant d'acheter 200 milliards de dollars de produits américains.

Mais la crise du Covid-19 en 2020 allait relancer une vague de déclarations hostiles entre les deux pays, Donald Trump répliquant à l'offensive diplomatique sanitaire chinoise en l'accusant d'être responsable de la pandémie.

Arrivé au pouvoir, Joe Biden, loin de remettre en cause la politique de son prédécesseur sur ce point, continue de faire de la lutte contre la montée en puissance de la Chine une priorité absolue de la politique étrangère américaine. Pour cela, il développe l'idée de constituer une alliance des démocraties face à l'axe des pays autoritaires dans lequel il place la Russie et la Chine. Dans leur opposition à la Chine, les États-Unis exploitent également la question des droits de l'homme, dénonçant le caractère dictatorial du régime chinois, pourtant nettement moins marqué que lorsqu'ils ont établi leurs relations avec Pékin sous Mao Tsé-toung.

Taïwan reste un dossier brûlant entre la Chine et les États-Unis, en témoigne le déplacement de la présidente de la chambre des représentants américaine Nancy Pelosi sur l'île de Taïwan à l'été 2022 qui a déclenché l'ire de Pékin.

L'affrontement dépasse en fait le seul sujet commercial. Le débat sur le « piège de Thucydide » (*Thucydide's trap*) fait rage aux États-Unis, alimenté notamment par le livre d'un des plus grands géopolitologues américains, Graham Allison : *Destined for war*.

Ce dernier reprend l'analyse de l'historien grec Thucydide, qui lors des guerres du Péloponnèse remarquait que la guerre entre Sparte et Athènes était devenue inévitable : à partir du moment où Sparte, puissance dominante, mais en déclin, voulait empêcher d'être dépassée par Athènes, puissance dominée, mais en pleine ascension.

Un autre exemple peut être tiré des relations entre l'Allemagne et l'Angleterre qui ont conduit à la Première Guerre mondiale. L'Angleterre n'a pas voulu accepter la montée en puissance de l'Allemagne, dont le PIB a dépassé le sien en 1910. De façon générale, la guerre est-elle automatique entre deux pays lorsque la puissance numéro un, qui stagne, veut éviter d'être dépassée par la puissance dominée, mais qui se développe ? La puissance dominante veut-elle à chaque fois empêcher par la force sa concurrente de la dépasser ? G. Allison examine seize cas de ce type ; 12 d'entre eux menèrent à la guerre.

Le piège de Thucydide va-t-il se refermer sur les États-Unis et la Chine ? La guerre est-elle inéluctable entre ces deux pays ? Il n'existe aucune réponse type. Le fait qu'ils développent de fortes relations commerciales n'est pas suffisant pour évacuer toute perspective de conflit. L'Allemagne et la Grande-Bretagne étaient les principaux partenaires réciproques avant la Première Guerre mondiale. Les exemples historiques datent d'une époque où la dissuasion nucléaire n'existait pas, ce qui change obligatoirement la situation.

La Chine devrait dépasser le PIB américain d'ici une décennie. Le PIB chinois représentait 10% du PIB américain en 2001, année de l'adhésion de la Chine à l'OMC. Elle en faisait 65% en 2019 et dépasse aujourd'hui les 75%, le rattrapage ayant été accéléré par la crise liée à la pandémie de Covid-19, les États-Unis ayant connu une forte récession en 2020 quand la Chine est l'un des seuls pays à avoir poursuivi sa croissance économique cette même année. L'un des sujets stratégiques majeurs, peut-être même le sujet majeur, sera l'articulation des relations entre Pékin et Washington, et la façon dont les États-Unis vont gérer leur rattrapage (et dépassement) par la Chine. Pendant la guerre froide, le PIB de l'URSS n'a jamais été au delà de 40% du PIB américain.

L'opposition à la Chine et sa perception comme une menace stratégique, technologique et politique font partie des rares points d'accord entre Républicains et Démocrates. Joe Biden a suivi sur ce sujet les traces de Donald Trump.

Au début des années 1970, Nixon et Kissinger avaient estimé que la montée en puissance de l'URSS et le déclin relatif des États-Unis rendaient indispensable de se lancer dans une politique de détente avec Moscou.

Aujourd'hui, les Américains nés après 1930 (c'est-à-dire pratiquement tous) n'ont jamais connu autre chose qu'un monde dominé par leur pays. De surcroît, ils estiment que leur pays a des valeurs supérieures à tous les autres, et surtout à un pays asiatique et communiste. Comment vont-ils vivre le rattrapage chinois ?

Résumé

Comment les États-Unis, première puissance mondiale, vont-ils réagir à la montée en puissance de la Chine et au fait que cette dernière pourrait leur ravir cette position de leader avant la moitié du siècle ? Washington et Pékin vont-ils éviter le piège de Thucydide ?

Expliquez-moi... en vidéo !

LE PIÈGE DE THUCYDIDE OU LE CHOC CHINE/ÉTATS-UNIS

https://www.editions-eyrolles.com/go/geopolitique02

CHAPITRE 2

UKRAINE – RUSSIE

À l'éclatement de l'Union soviétique en 1991, l'Ukraine, où un sentiment national avait toujours subsisté, devient indépendante. Cette dernière est l'exemple type d'un *torn country*, un pays déchiré (comme le Mexique partagé entre l'Amérique latine et les États-Unis ou la Turquie entre l'Europe et l'Asie) entre ses influences russes et européennes. L'est du pays est pro-russe ; l'ouest regarde plus vers l'Europe. Mais, préoccupée par son élargissement (ou sa réunification), cette dernière ne lui a guère prêté attention. Son économie et sa diplomatie sont ainsi restées proches de celles de la Russie.

En 2004 surviennent des « révolutions de couleur » (rose en Géorgie, orange en Ukraine). Les anciens dirigeants pro-russes, jugés peu démocratiques et très corrompus, sont remplacés. À Kiev, Viktor Iouchtchenko, pro-occidental, l'emporte face au pro-russe Viktor Ianoukovytch. Des ONG, notamment américaines, l'ont aidé – au nom de la promotion de la démocratie –, ce que Moscou dénonce comme une ingérence.

Mais les espoirs de réformes, de développement économique et de lutte contre la corruption sont rapidement déçus. Ianoukovytch reprend le pouvoir en 2010. Il se sert de la justice contre ses opposants politiques, la corruption atteint des sommets et l'économie stagne. Il entame des négociations pour un accord de partenariat avec l'Union européenne, soutenu par la population, qui y voit un espoir d'adaptation des normes européennes à l'Ukraine et espère démocratisation et meilleure gestion. Craignant de perdre son influence (l'accord d'association laisse peu d'espoir aux échanges avec la Russie), Moscou fait une offre supérieure et Ianoukovytch suspend les négociations avec l'Europe. C'est le

La guerre d'Ukraine, situation début septembre 2022

début de gigantesques protestations sur la grande place de Kiev, Maïdan (« place » en ukrainien), qui donnent lieu à des affrontements. Une médiation germano-franco-polonaise permet de parvenir à un accord entre le pouvoir et l'opposition, mais les plus radicaux la refusent, ce qui débouche sur la fuite et la destitution de Ianoukovytch, le 22 février 2014. Un nouveau gouvernement hostile à Moscou se met en place et prétend vouloir enlever au russe le statut de langue nationale. Des heurts entre pro et anti-russes éclatent. Poutine dénonce un coup d'État anticonstitutionnel en Ukraine et ne reconnaît pas les nouvelles autorités.

En mars, la Crimée – dont la population est russophone et où se situe la base navale russe de Sébastopol, stratégique et vitale pour la flotte russe, rattachée à l'Ukraine en 1955 par Khrouchtchev, à une époque où les frontières internes à l'URSS ne jouaient aucun rôle – proclame son indépendance vis-à-vis de l'Ukraine et son rattachement à la Russie.

Les Occidentaux estiment qu'il s'agit de la première modification des frontières due à un coup de force depuis 1945, et érigent des sanctions à l'égard de la Russie. Les Russes déclarent ne faire que respecter le droit des peuples à disposer d'eux-mêmes. Le climat se dégrade rapidement et certains vont jusqu'à parler du retour de la guerre froide. Des enclaves indépendantistes se forment à l'est de l'Ukraine avec l'aide de la Russie. Les populations de la région craignent d'être privées de leurs droits par Kiev. Cette dernière refuse de négocier avec ceux qu'elle qualifie de terroristes. Des combats entre l'armée ukrainienne (mal équipée) et des milices font 13 500 morts, la plupart civils, et 1,4 millions de déplacés.

La Russie a gagné la Crimée, mais elle a perdu l'Ukraine où le sentiment d'une menace a renforcé un sentiment national hostile à la Russie. Les régions indépendantistes de l'Est (Donbass) sont un fardeau dont personne ne veut. La Russie a construit un pont reliant la Crimée au territoire russe et affirme sa souveraineté sur la mer d'Azov. Un bref incident naval va opposer les deux pays en novembre 2018. Le conflit est en train de se transformer en un conflit gelé de basse intensité. En 2014, Porochenko est élu président de l'Ukraine. En juin, à l'occasion du 70e anniversaire du débarquement en Normandie, il rencontre Poutine, Hollande et Merkel. Ces derniers font signer à Poutine et Porochenko, à Minsk en février 2015, un accord de cessez-le-feu, qui ne règle pas le conflit mais fait baisser les tensions. Des affrontements sporadiques continuent.

Les États-Unis, l'OTAN, les pays baltes et la Pologne craignent que la Russie ne continue sa poussée vers l'ouest. Les autres pays européens estiment nécessaire une solution diplomatique. Les sanctions économiques décidées par les Occidentaux affaiblissent la Russie mais ont également des conséquences négatives pour les pays européens et sont sans conséquence majeure pour les États-Unis. Poutine a vu sa popularité interne fortement augmenter, l'annexion de la Crimée flattant le patriotisme russe. En 2016, au cours de la campagne présidentielle, D. Trump laissa entendre qu'il y mettrait fin. Pourtant, une fois élu président, il les a maintenues, sous pression du Pentagone et du Congrès.

Évolution du PIB en $/hab. en Russie, Ukraine et Pologne

	1990	**2000**	**2012**	**2021**
Pologne	1 694	4 454	12 710	17 840
Ukraine	1 570	636	3 867	4 835
Russie	3 485	1 775	14 037	12 172

Si la Russie a de larges responsabilités dans la déstabilisation de l'Ukraine, les dirigeants de ce pays n'en sont pas exempts. La corruption est endémique, les oligarques ne se soucient que de leur enrichissement. Le PIB par habitant a stagné depuis l'indépendance.

En 2019, Volodymyr Zelensky, un ancien acteur, est élu président de l'Ukraine en faisant campagne contre la corruption. Il se dit favorable à un dialogue avec Moscou. Mais il n'y a pas de réel rapprochement, freiné par l'hostilité d'une grande partie de la classe politique ukrainienne et par le peu de concessions que Vladimir Poutine est prêt à faire.

En février 2022, après plusieurs mois de tensions à la frontière ukrainienne, Vladimir Poutine exige que l'Ukraine renonce à adhérer à l'OTAN. Le 24 février, trois jours après avoir reconnu l'indépendance des républiques autoproclamées de Donetsk et de Lougansk, il lance une offensive militaire, qualifiée d'« opération spéciale », contre l'Ukraine avec pour objectif affiché d'installer un pouvoir à sa dévotion à Kiev. Le monde regarde avec stupéfaction cette guerre interétatique au cœur de l'Europe. L'Ukraine résiste plus que prévu, aidée par les Occidentaux qui, sans déclarer la guerre à la Russie (qui a l'arme nucléaire), aident Kiev par des matériels et des sanctions contre Moscou et acceptent l'Ukraine comme pays candidat à l'Union européenne malgré l'extrême faiblesse de son économie et le haut degré de corruption de sa classe politique. La Russie est totalement coupée du monde occidental. Mais si le monde occidental montre une infaillible unité dans son soutien à l'Ukraine, les autres nations ne le suivent pas dans la mise en place des sanctions contre la Russie. La Chine n'approuve ni ne condamne l'agression russe. Elle ne souhaite cependant pas une défaite russe puisque cela constituerait une victoire pour les Occidentaux. À l'été 2022, la Russie, gênée par les sanctions qui sont cependant compensées en partie par l'augmentation du prix des matières premières énergétiques, s'est emparée de l'ensemble du Donbass. L'Ukraine déclare ne pas accepter de cessez-le-feu tant qu'elle n'aura pas reconquis ces territoires perdus, voire souhaite aller au-delà et récupérer la Crimée.

En septembre, grâce au soutien occidental, l'armée ukrainienne parvient à reprendre du terrain dans l'Est du pays. En réponse, la

Russie organise un référendum dans les régions tenues par l'armée pour une annexion. Vladimir Poutine déclare par ailleurs le 21 septembre 2022 la mobilisation partielle de la population russe (qui concerne *a minima* 300 000 hommes). Le régime russe est ainsi contraint d'assumer l'engagement du pays dans une réelle guerre, ce qu'il niait jusqu'ici. Cette annonce déclenche des protestations à travers le pays et l'exode de nombreux jeunes hommes, facteur d'affaiblissement pour la Russie à moyen terme. Mais pour Vladimir Poutine, qui joue sa survie, il est indispensable de ne pas voir l'armée russe refoulée d'Ukraine.

Les États-Unis, décrédibilisés après la débâcle de Kaboul, apparaissent désormais comme le seul protecteur crédible aux yeux des Européens face à la menace russe. Les pays européens augmentent leurs dépenses militaires, ce qui se traduit par l'achat d'armes américaines.

L'OTAN, qui avait été décrétée en état de mort cérébrale par le président français Emmanuel Macron en novembre 2019, trouve une seconde jeunesse et apparaît plus forte et plus unie que jamais. Au point que deux pays traditionnellement neutres, la Suède et la Finlande, demandent d'y adhérer.

En résumé

Avec le déclenchement de la guerre en Ukraine, les relations économiques, politiques, stratégiques, scientifiques et culturelles entre la Russie et les pays occidentaux se sont durablement coupées. Le sentiment national ukrainien s'est renforcé sur la base de l'hostilité à la Russie. Les États-Unis ont développé leur influence en Europe et l'OTAN est revigorée. Autant de résultats contraires à ce que voulait Vladimir Poutine.

Expliquez-moi... en vidéo !

LES GUERRES DE VLADIMIR POUTINE DANS SON ENVIRONNEMENT PROCHE

https://www.editions-eyrolles.com/go/geopolitique03

CHAPITRE 3

L'ÉTAT ISLAMIQUE

Le groupe l'État islamique en Irak et au Levant (Daech), dirigé par Abou Bakr al-Baghdadi, a annoncé le 29 juin 2014 qu'il rétablissait le califat sur les territoires qu'il contrôlait (environ 200 000 km^2). Le groupe terroriste remettait aussi en cause les frontières héritées des accords Sykes-Picot (ministres des Affaires étrangères anglais et français), brisant ainsi ce qui est dénoncé comme un héritage colonial. Le terrorisme opérait donc une importante mutation en quittant son mode opératoire déterritorialisé pour prendre une forme étatique et se doter de frontières, fussent-elles mouvantes.

Daech est officiellement créé en 2006 par une alliance entre tribus locales et groupes islamistes autour d'Al-Qaïda et d'anciens officiers de Saddam Hussein. C'est le résultat de la guerre d'Irak de 2003 – supposée mettre un terme au terrorisme islamiste -, de la politique de « débaassification » du proconsul américain Paul Brenner (consistant à licencier de la fonction publique tous les membres ou proches du parti Baas de Saddam Hussein, quelle que soit leur implication réelle, détruisant ainsi les bases de l'État irakien) et du sectarisme des autorités chiites de Bagdad, notamment du président Maliki, qui n'offrait aucune perspective à la minorité sunnite (17 % de la population). Celle-ci s'est tournée vers Daech qui lui promettait protection.

En Syrie, les sunnites, majoritaires dans le pays, étaient marginalisés par le régime alaouite (proche du chiisme) de Bachar Al-Assad. Lorsque la révolution a commencé en 2011, ce dernier l'a violemment réprimée. Les massacres auxquels il a procédé sont venus radicaliser une partie de l'opposition qui s'est liée aux groupes djihadistes. Aussi bien en Irak qu'en Syrie,

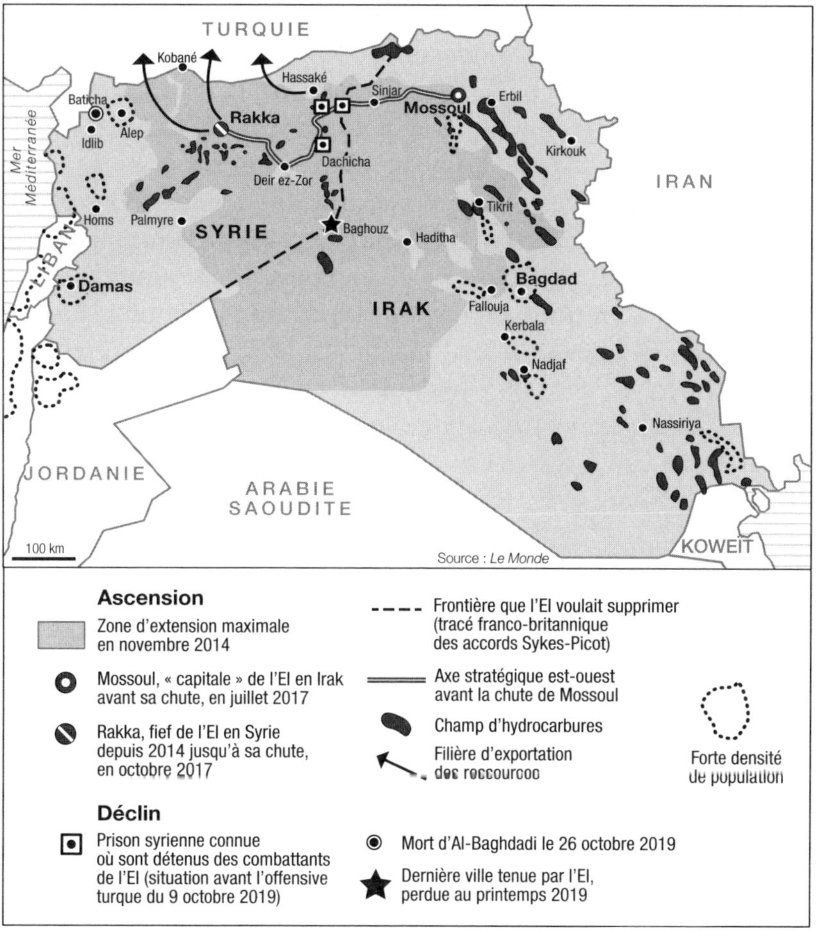

L'État islamique, entre expansion et déclin

ces groupes ont initialement été soutenus par les riches familles du Golfe, au nom d'une solidarité sunnite, et dans l'objectif de renverser le régime chiite de Bagdad et, surtout, celui de Bachar Al-Assad en Syrie. Dans le même but, la Turquie a, au départ, peu fait pour empêcher des volontaires de rejoindre Daech en Syrie. La proclamation de l'État islamique a été un signal d'alarme car les pays du Golfe sont une cible pour Daech.

La prise de Mossoul, en juin 2014, a permis à Daech de mettre la main sur 450 millions de dollars de la Banque centrale irakienne. Le groupe se finance aussi par la vente du pétrole et jouit en terre sunnite d'un soutien qui dépasse les fondamentalistes. Alors que les populations n'attendent plus rien de Bagdad, Daech rétablit l'ordre, sur fond de répression sectaire, et un minimum de service public, ce qui lui permet d'obtenir un soutien initial d'une partie des populations sunnites. Mais il exerce une terrible répression sur les minorités non sunnites (Kurdes, chrétiens, chiites, yazidis) ou les sunnites qui refusent de coopérer, n'hésitant pas à procéder à des massacres de masse. Daech a également décapité des otages occidentaux, frappant aussi bien les opinions musulmanes qu'occidentales. Les sites archéologiques et les biens culturels sont également visés.

Daech compte aussi sur les musulmans mal intégrés dans les sociétés occidentales, désignés comme cibles idéales pour l'endoctrinement et le recrutement. Il espère attirer sur le territoire qu'il contrôle de nouvelles recrues - venant des pays occidentaux ou arabes – et susciter des vocations terroristes à l'étranger. C'est donc un défi sécuritaire majeur, non seulement pour les pays occidentaux, mais aussi pour les pays musulmans, considérés comme apostats dès qu'ils ont des liens avec l'Occident. Daech souhaite que les images insoutenables de massacres et d'exécutions auxquels il se livre alimentent la colère des Occidentaux contre les musulmans, conduisant à une radicalisation d'une partie de ces derniers. Mais Daech se caractérise également par une maîtrise de la communication, anticipant avec un diagnostic précis les faiblesses du système occidental qui répercute ses messages de la façon dont l'organisation terroriste le souhaite.

D'autres groupes djihadistes en dehors de la Syrie et de l'Irak ont prêté allégeance à Daech, par affinité idéologique et en comptant sur sa soudaine notoriété pour mieux mettre en lumière leurs propres activités.

La multiplication des attentats revendiqués par Daech contre les pays occidentaux, la Russie, la Turquie et les menaces sur les pays du Golfe ont amené la coalition internationale à mieux organiser sa coopération.

L'État islamique a désormais perdu l'essentiel de son territoire, dont la ville de Raqqa, en octobre 2017. En novembre 2019, son leader Abou Bakr al-Baghdadi est tué. Mais Daech reste en capacité d'organiser des attentats et s'étend même avec des cellules en Afghanistan et dans certains pays asiatiques et africains.

En résumé

> **L'État islamique représente une mutation du terrorisme par une importante emprise territoriale. Il a exercé une terrible pression sur les minorités non sunnites et les opposants au sein du territoire qu'il maîtrisait. Il est la conséquence indirecte de la guerre d'Irak de 2003 et de la répression en Syrie par le régime de Bachar Al-Assad.**

CHAPITRE 4

ISRAËL – PALESTINE

Se déroulant sur une surface réduite, considéré militairement de basse intensité, le conflit israélo-palestinien est pourtant d'une importance stratégique majeure.

« *Une terre sans peuple pour un peuple sans terre.* » En parlant ainsi de façon inexacte de la Palestine en 1917, Lord Balfour créait les conditions du conflit israélo-palestinien à venir tout en en définissant sa nature : une rivalité pour le contrôle d'un territoire. Si le peuple juif n'avait effectivement pas encore son État, la Palestine, appartenant à l'époque à l'Empire ottoman, n'était pas inhabitée pour autant.

Théodore Hertzl publiait, en 1897, *L'État des Juifs*, réclamant la création d'un État pour le peuple juif afin de le mettre à l'abri des persécutions antisémites. En voulant donner une réalité à ce projet, Lord Balfour comptait obtenir le soutien des communautés juives dans la guerre contre l'Allemagne. Cette promesse était contradictoire avec celle d'accorder l'indépendance aux peuples arabes s'ils se joignaient à Londres dans la lutte contre l'Empire ottoman.

À l'issue de la Première Guerre mondiale, la Palestine fut donnée en mandat à la Grande-Bretagne. Les Juifs composaient alors 10 % de la population. L'attraction du projet sioniste et les persécutions antisémites en Europe provoquèrent une migration massive. À l'orée de la Seconde Guerre mondiale, les Juifs constituaient 30 % de la population palestinienne. Cette montée en puissance démographique et l'achat de terres qui l'accompagnait avaient créé des tensions entre les communautés qui vivaient jusqu'ici en bonne harmonie.

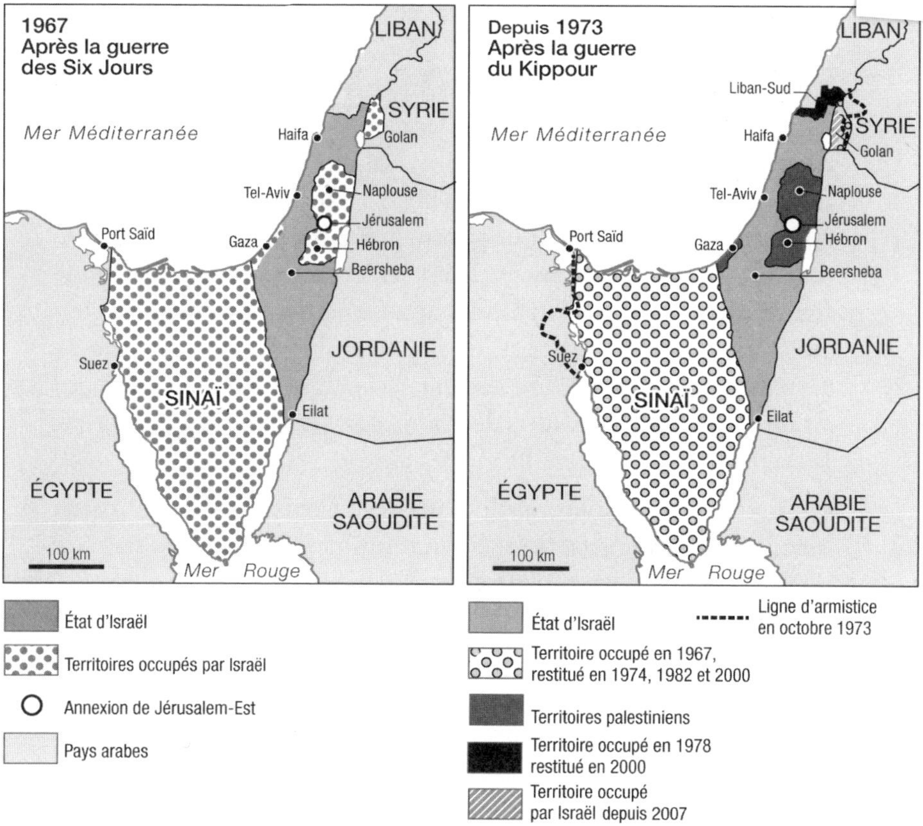

Conflit israélo-arabe : la guerre des Six Jours et la guerre du Kippour

L'ONU prévoyait un plan de partage de la Palestine permettant la création d'un État arabe et d'un État juif côte à côte. Les Arabes, se sentant floués et estimant qu'ils payaient le prix d'un génocide commis en Europe par les Européens, refusaient le principe de la création d'un État juif. La première guerre israélo-arabe éclatait. Elle fut gagnée par le jeune État hébreu qui s'élargissait, en passant de 55 % à 78 % de l'ex-Palestine mandataire. De nombreux Palestiniens fuyaient ou étaient chassés de leurs villages et devenaient des réfugiés. Jérusalem-Est et la

Cisjordanie étaient occupés par la Jordanie, l'Égypte prenant le contrôle de la bande de Gaza. Les pays arabes refusaient de reconnaître Israël. En 1956, conjointement avec la Grande-Bretagne et la France, Israël lançait une opération militaire contre l'Égypte qui venait de nationaliser le canal de Suez. L'aide apportée à l'Égypte par l'URSS contraignit les trois pays à se retirer du canal. Par une guerre préventive surprise (la guerre des Six Jours), Israël anéantissait les armées syrienne et égyptienne et prenait le contrôle du Sinaï égyptien, du Golan syrien ainsi que de Jérusalem-Est, de la Cisjordanie et de la bande de Gaza. La paix israélo-égyptienne, conclue sous les auspices des États-Unis par les accords de Camp David de 1978, permettait la restitution du Sinaï à l'Égypte.

L'annexion du Golan syrien et des Territoires palestiniens n'était pas reconnue par la communauté internationale, y compris par l'allié américain.

En 1973, une nouvelle guerre opposa l'Égypte et la Syrie à Israël et se conclut par un *statu quo*. Un mouvement national avait pris naissance dans les années 1960 en Palestine, il va passer du refus de l'existence d'Israël à son acceptation, à la fin des années 1980, en se ralliant à la perspective « des territoires contre la paix ». C'est-à-dire la création d'un État palestinien, non pas sur les contours prévus par le plan de partage de 1948, mais sur la situation prévalant à l'issue de la première guerre israélo-palestinienne, donc sur les territoires conquis par Israël en 1967.

Trois événements allaient changer la face du conflit, à la fin des années 1980. Une révolte populaire, l'Intifada, se déclencha en Palestine contre l'occupation israélienne. Celle-ci n'était plus combattue par des moyens militaires de l'extérieur mais par une protestation populaire. L'effondrement de l'URSS permit l'immigration d'un million de Juifs soviétiques vers Israël, conférant un avantage géographique aux Juifs sur l'ensemble des territoires occupés. La guerre du Golfe montrait l'importance du dossier palestinien dans l'ensemble des opinions arabes et donc l'urgence, pour les États-Unis, de s'attaquer au règlement du problème, s'ils ne voulaient pas se couper des peuples de la région. Les accords d'Oslo, signés en 1993, comprenaient la reconnaissance d'Israël par les Palestiniens et une mise en place progressive d'un retrait israélien permettant la création d'un État palestinien. L'assassinat le 4 novembre 1995 du Premier ministre israélien qui les avait signés, Yitzhak Rabin, par un extrémiste juif, la poursuite de la colonisation israélienne des Territoires palestiniens pendant le processus de négociation et les attentats terroristes commis par les radicaux palestiniens du Hamas refusant de reconnaître Israël allaient entraîner une perte de confiance dans le processus de paix. L'arrivée au pouvoir d'Ariel Sharon, qui s'était toujours opposé au processus de paix, en Israël début 2001, ainsi que le climat de confrontation entre monde occidental et monde musulman après les attentats du 11 septembre 2001, allaient entraîner la fin des espoirs et l'escalade de la violence.

Paradoxalement, les contours d'un futur accord font consensus entre les différentes parties : la création d'un État palestinien sur les territoires conquis par Israël en 1967 ; la reconnaissance d'Israël par l'ensemble des pays arabes ; la désignation de Jérusalem comme capitale de chacun des États israélien et palestinien ; d'éventuels échanges territoriaux pour tenir compte de la colonisation à condition qu'ils soient compensés territorialement et mutuellement agréés ; un accord sur le retour des réfugiés palestiniens prévoyant une reconnaissance politique du préjudice, mais n'impliquant pas un retour physique (afin de permettre à l'État de rester majoritairement juif).

Les Palestiniens sont divisés politiquement et territorialement entre la Cisjordanie (contrôlée par le Fatah) et la bande de Gaza (contrôlée par le Hamas). Gaza est soumis à un blocus co-organisé par Israël et l'Égypte. En juillet 2014, à la suite de tirs de roquette lancés sur le sud d'Israël par le Hamas, Israël a répliqué par des bombardements massifs qui ont fait environ

2 000 morts côté palestinien. En 2018, les Palestiniens organisaient la « marche du retour » en s'approchant de la frontière israélienne. Les tirs de réplique israéliens causèrent 220 morts et de nombreux blessés.

Réélu en 2015 puis en 2019 (en battant le record de longévité d'un Premier ministre israélien), Netanyahou, qui s'était opposé aux accords d'Oslo, estime que le temps joue pour lui et compte sur une politique de fait accompli. Le camp de la paix en Israël, devenu très minoritaire, estime que cette position n'est pas valable à long terme. À droite de la société israélienne, le poids politique des colons se renforce. Quelque 630 000 colons israéliens sont établis à Jérusalem-Est et en Cisjordanie. Leur poids électoral est conséquent. Benyamin Netanyahou dirige entre 2015 et 2021 une coalition alliant forces de droite et d'extrême-droite. Il parvient à se maintenir au poste de Premier ministre malgré des mises en cause judiciaires pour corruption. Après une série d'élections, celles de mars 2021 l'écartent du pouvoir : une large coalition, allant des partis islamistes arabes à l'extrême-droite, se forme contre lui. Le dirigeant du parti d'extrême-droite Naftali Benett lui succède au poste de Premier ministre. Le nouveau gouvernement poursuit la politique de colonisation en Cisjordanie. Sa faible majorité le pousse à dissoudre la Knesset et à appeler à de nouvelles élections en novembre 2022.

L'enjeu du conflit israélo-palestinien est majeur dans la mesure où il est l'épicentre d'un éventuel choc des civilisations. Ce conflit est limité géographiquement et également dans son intensité meurtrière (il fait moins de morts que de nombreux autres conflits qui ensanglantent la planète), mais il a une importance symbolique, et donc stratégique majeure. Les peuples arabes et les musulmans, et plus largement la plupart des pays issus de décolonisation, considèrent que le maintien de l'occupation israélienne n'est possible que par le fort soutien politique, juridique, économique et stratégique qu'apportent les pays occidentaux (les États-Unis en tête) à Israël. Cela prouve pour eux le double discours des Occidentaux qui prônent la démocratie et le droit des peuples à disposer d'eux-mêmes, mais qui participent à son reniement quand un de leurs alliés est concerné. La cause palestinienne est devenue une cause emblématique pour ceux qui veulent tenir des discours anti-occidentaux.

Si l'image d'Israël s'est fortement dégradée dans le monde (où la campagne Boycott désinvestissements et sanctions – BDS – gagne du terrain), sa situation diplomatique s'est renforcée. Outre son allié américain, Tel-Aviv entretient de bonnes relations avec la Russie, la Chine et l'Inde. Même l'Arabie saoudite s'en est rapprochée, notamment du fait de leur combat commun contre l'Iran. Les Européens, quant à eux, apparaissent impuissants et résignés concernant le conflit au Proche-Orient.

Donald Trump s'engagea encore plus inconditionnellement en faveur d'Israël que les précédents présidents américains. Il transféra l'ambassade américaine de Tel-Aviv à Jérusalem, ferma le consulat américain auprès des Palestiniens, reconnut la légalité de la colonisation et l'annexion du Golan. Il fit preuve d'une pression maximale qui conduit les Émirats arabes unis et Bahreïn puis le Soudan et le Maroc à reconnaître Israel. Joe Biden ne revient pas, après son arrivée au pouvoir, sur les décisions prises par son prédécesseur sur ce dossier. Mais la question palestinienne, pour avoir disparue de l'agenda diplomatique, demeure une réalité stratégique. Une nouvelle guerre a lieu entre le Hamas et Israël en mai 2021. Un cessez-le-feu a été mis en place mais ne fait qu'établir une trêve provisoire tant qu'une paix véritable et la reconnaissance des droits des Palestiniens ne sont pas réalisées.

En résumé

Parfois présenté comme religieux ou ethnique, le conflit israélo-palestinien est en fait un conflit territorial classique. Il a, au cours des années, acquis une importance stratégique fondamentale, au cœur d'un éventuel conflit de civilisations. Il est central dans la relation entre monde musulman et monde occidental.

Expliquez-moi... en vidéo !

LE CONFLIT ISRAÉLO-PALESTINIEN

https://www.editions-eyrolles.com/go/geopolitique04

CHAPITRE 5

L'IRAN

L'Iran est vécu comme une menace par les États-Unis, ses voisins arabes et Israël, mais l'inverse est également vrai.

Outre ses problèmes politiques intérieurs (contestation du régime), l'Iran est confronté à trois défis géopolitiques tenant aux relations d'hostilité qu'il entretient avec trois catégories différentes de pays : ses voisins arabes, Israël et les États-Unis. L'Iran apparaît comme une menace pour ces trois ensembles géopolitiques. Il se sent menacé par chacun d'entre eux, qui souhaitent tous un changement de régime à Téhéran.

Si l'Iran et les pays arabes appartiennent ensemble au monde musulman, ils sont des rivaux stratégiques. L'Iran est l'héritier de l'Empire perse. Il est un pays chiite alors que les régimes arabes sont principalement dirigés par des sunnites. Sous le régime du shah, Téhéran menait une politique pro-occidentale et surtout pro-israélienne. Si le renversement du shah par l'Ayatollah Khomeyni va conduire à une rupture de l'alliance avec les États-Unis et Israël, il va également déboucher sur un antagonisme plus marqué avec les voisins arabes qui craignent la contagion révolutionnaire venant d'Iran. Celui-ci tente de mobiliser les importantes minorités chiites vivant dans le Golfe et dénonce l'alliance des régimes arabes avec les États-Unis. L'Irak va se lancer dans une longue guerre contre l'Iran (1980-1988) et conquérir le Chott-el-Arab annexé par le shah en 1975, en se présentant comme le rempart arabe contre la menace perse, chiite et révolutionnaire iranienne.

Sous le règne du shah, les États-Unis voulaient faire de l'Iran le shérif régional du Golfe. La révolution de 1979, avec la prise d'otages de diplomates à l'ambassade américaine de Téhéran, allait conduire à une rupture totale des relations diplomatiques, économiques et commerciales entre les deux pays.

Les États-Unis sont dénoncés comme le grand Satan par le régime iranien.

Un rapprochement a lieu pendant le second mandat de Bill Clinton. Mais George Bush classe l'Iran, avec la Corée du Nord et l'Irak, dans les pays de l'« axe du mal » lors de son discours sur l'état de l'Union de janvier 2002, annonciateur de la guerre d'Irak. Le programme nucléaire iranien est présenté comme ayant une finalité civile par Téhéran, mais soupçonné d'être à vocation militaire par les Occidentaux. Européens et Américains vont mettre en place une politique de sanctions à l'égard de Téhéran. Pour les pays occidentaux, le défi nucléaire de Téhéran est triple : il peut remettre en cause le régime général de non-prolifération, c'est un défi à leur autorité et crédibilité internationale, il est une source d'anxiété porteuse de danger pour leur allié israélien.

L'échec de la guerre d'Irak menée officiellement pour lutter contre le programme d'armes de destruction massive de l'Irak va amener les États-Unis à renoncer, ne serait-ce que provisoirement, à l'option militaire à l'égard de l'Iran. La menace balistique iranienne va justifier la décision de déployer un système de défense antimissile par les pays de l'OTAN en décembre 2010. C'est implicitement reconnaître que l'Iran pourrait se doter de l'arme nucléaire (hypothèse jusqu'ici présentée comme étant inacceptable), et donc que la dissuasion ne joue pas à l'égard de l'Iran. Pourtant, au vu de la disproportion des forces, la menace de rétorsion par les Occidentaux contre l'Iran en cas d'agression de ce dernier est de nature à le dissuader de toute attaque balistique contre les territoires européens. Le budget militaire des pays de l'OTAN dépasse 1 000 milliards de dollars contre moins de 20 milliards pour l'Iran.

L'alliance entre Israël et l'Iran a été brisée en 1979. Se présentant comme l'adversaire le plus résolu de l'État hébreu, l'Iran essaie d'élargir sa popularité malgré les différences culturelles et religieuses auprès des opinions arabes, dont une partie reproche à ses dirigeants d'être trop accommodants avec les États-Unis et Israël. Doté, selon les estimations officieuses, d'une capacité de 80 têtes nucléaires, Israël n'est pas sous la menace stratégique réelle d'une attaque iranienne. L'État hébreu met en avant les menaces du président iranien Ahmadinejad de rayer Israël de la carte pour justifier sa volonté de posséder l'arme nucléaire. Même si l'Iran se dotait d'armes nucléaires, Israël serait très largement en mesure de dissuader Téhéran de toute menace d'attaque sur son territoire. Avant même qu'un seul missile iranien n'atteigne les territoires d'Israël, c'est bien l'Iran qui serait rayé de la carte ; ce qui est inadmissible pour Israël, c'est la perspective d'un équilibre stratégique régional avec un adversaire fût-il non frontalier. Le but d'un éventuel programme nucléaire militaire iranien serait en effet de sanctuariser le pays contre des menaces extérieures.

Mais les sanctions économiques ont affaibli l'Iran. La population était par ailleurs lassée de ce régime répressif. En juin 2013, le modéré Hassan Rohani, élu président (réélu en 2017), affirmait sa volonté d'ouverture. En juillet 2015, les ministres des « 5 + 1 » (États-Unis, Chine, Russie, Grande-Bretagne, France et Allemagne) et le président iranien signaient un accord prévoyant la non-militarisation du programme nucléaire iranien en échange de la levée progressive des sanctions. La solution militaire est écartée. Un espoir de normalisation des relations entre l'Iran et les pays occidentaux prend forme.

Mais ce sont désormais les pays sunnites du Golfe, l'Arabie saoudite et les Émirats arabes unis en tête, qui craignent la montée en puissance de l'Iran, influent en Irak, au Liban, au Yémen et l'un des derniers soutiens de Bachar Al-Assad en Syrie. Ils reprochent à Barack Obama, qui a signé l'accord sur le nucléaire iranien à Vienne en 2015, sa « complaisance » envers l'Iran. Ils ont été rassurés par l'élection de Donald Trump qui, opposé à ce dernier, n'a pas hésité à le dénoncer. Un axe États-Unis/Israël/Arabie saoudite s'est ainsi développé, par hostilité à l'Iran. Les Européens, Chinois et Russes sont quant à eux attachés à l'accord sur le nucléaire iranien, estimant qu'il est le meilleur possible, en ce qu'il écarte une double perspective catastrophique : un Iran doté d'armes nucléaires et une guerre pour empêcher le pays d'en posséder. Mais ils n'exercent aucune influence concrète sur les États-Unis et ne peuvent apporter rien de concret aux Iraniens pour qu'ils continuent, eux, à le respecter. Mais D. Trump est fondamentalement hostile à l'Iran. Non content de dénoncer l'accord nucléaire, il imposa des sanctions contre les pays qui continueraient à commercer avec Téhéran. Son objectif était d'étouffer le pays économiquement pour que, excédée, la population renverse le gouvernement. Le risque, confirmé après les élections de 2021, était plutôt de voir le camp des durs reprendre la main à Téhéran et dénoncer, à leur tour, l'accord nucléaire.

En janvier 2020, le général Soleimani (le chef des Pasdarans et numéro deux officieux du régime) est assassiné par un missile américain alors qu'il était à Bagdad. L'Iran riposte par des tirs de missiles sur des bases américaines en Irak, sans faire de victimes. Un avion d'Ukrainian Airlines est abattu par erreur. Les restrictions et la dénonciation de la corruption suscitent une contestation du régime des Mollah par la population iranienne.

Le président Biden veut reprendre les négociations avec l'Iran. Mais depuis la dénonciation de l'accord de 2015 par Donald Trump, les radicaux ont pris le dessus à Téhéran. En 2021, c'est l'un des leurs, Ebrahim Raïssi, qui est élu président.

La guerre en Ukaine et la crise énergétique pourraient rendre plus souhaitable pour les Occidentaux le retour de l'Iran comme producteur et exportateur de pétrole et de gaz. Israël s'oppose fermement à un accord alors qu'un timide rapprochement a lieu entre l'Iran, l'Arabie saoudite et les Émirats arabes unis.

En résumé

Après avoir été l'allié des États-Unis, des Occidentaux et d'Israël et après la révolution khomeyniste, l'Iran a développé des relations d'hostilité avec ces pays. C'est la crainte d'une exportation de sa révolution qui a effrayé ses voisins arabes. Tous sont inquiets de son programme nucléaire, présenté comme à finalité civile par Téhéran, mais qu'ils estiment avoir un objectif militaire.

Expliquez-moi... en vidéo !

L'IRAN ET SES RIVAUX CONTEMPORAINS

https://www.editions-eyrolles.com/go/geopolitique05

CHAPITRE 6

LA SYRIE

À la suite de l'effondrement de régimes que l'on pensait indéboulonnables (Tunisie, Égypte), en janvier et février 2011, le peuple syrien manifeste à son tour et se mobilise contre le régime dictatorial et jugé corrompu de Bachar Al-Assad en mars 2011.

En 2000, Bachar Al-Assad prenait la succession de son père, au pouvoir depuis 1970. Il appartient à la branche de la minorité alaouite qui ne représente qu'environ 10 % de la population syrienne, dont 70 % est sunnite. Le régime se présente comme étant laïc et nationaliste. Il était lié à l'URSS du temps de la guerre froide et a conservé des liens forts avec la Russie. Du fait d'un rapport de force militaire défavorable, il évite toute confrontation avec Israël mais se présente comme le champion de la cause arabe et développe une rhétorique anti-occidentale et anti-israélienne.

Lorsque les forces de sécurité tunisienne et égyptienne ont abandonné Zine el-Abidine Ben Ali et Hosni Moubarak, Bachar Al-Assad décida de réprimer brutalement la révolte pour ne pas subir le même sort. Il présente alors les soulèvements comme étant dirigés de l'étranger (le « complot américano-sioniste »). Ses origines sont pourtant bien nationales. Il dénonce également la présence d'extrémistes djihadistes musulmans mettant en danger les minorités chrétiennes et alaouites. C'est toutefois lui qui a libéré les islamistes radicaux. Sa stratégie consiste à apparaître comme un rempart face aux djihadistes. Mais, en optant pour la répression de manifestations jusqu'ici pacifiques afin de pouvoir se maintenir au pouvoir, il a contribué à gonfler les rangs des djihadistes.

La Turquie et les États du Golfe, qui s'étaient rapprochés de la Syrie, prennent alors leurs distances avec Bachar Al-Assad et soutiennent l'opposition armée. Les Occidentaux hésitent à armer l'opposition : ayant en tête l'exemple afghan, ils craignent en effet que les armes ne tombent dans les mains d'extrémistes radicaux. La révolution initialement pacifique s'est donc très vite militarisée et internationalisée. La Russie et l'Iran se portent au secours du régime syrien. Pour l'Iran, il s'agit d'aider son seul régime ami au sein du monde arabe et de conserver ses liens avec le Hezbollah au Liban. Pour la Russie, il s'agit de défendre ses intérêts, la base militaire de Tartous et une présence stratégique dans la région. Mais il s'agit également de lutter contre la théorie du changement de régime. Les Russes estiment avoir commis une erreur en s'abstenant lors du vote de la résolution 1973 en Libye : initialement prévue pour protéger la population de Benghazi menacée par Kadhafi, celle-ci a finalement évolué pour aboutir à un changement de régime et renverser – puis éliminer – Kadhafi. Il y a donc, d'un côté, Occidentaux et pays arabes qui soutiennent l'opposition et, de l'autre, la Russie et l'Iran qui soutiennent le régime. En outre, le Qatar et l'Arabie saoudite, qui estiment que Bachar Al-Assad constitue une menace, vont aider des groupes radicaux. L'inaction des Occidentaux piège les rebelles modérés syriens, coincés entre les djihadistes et l'armée syrienne, et la population civile va en être la principale victime. Alors que Barack Obama avait fixé comme *ligne rouge* l'utilisation d'armes chimiques par le régime syrien, il refusa d'agir en septembre 2013 lorsqu'une attaque chimique attribuée au régime fit plus de 1 400 morts au sein de la population civile. Il est vrai que le bilan s'élevait déjà à 110 000 pertes civiles… En avril 2018, les États-Unis et leurs alliés occidentaux bombardent des objectifs syriens en représailles à un nouvel usage d'armes chimiques par le régime. Cela ne change pas le rapport de force sur le terrain. En 2019, Donald Trump annonce le retrait des 2 000 soldats américains présents en Syrie, permettant à la

Turquie d'intervenir pour empêcher la constitution d'un État kurde autonome à sa frontière.

Les Russes parviennent à un compromis demandant à la Syrie de démanteler son arsenal chimique pour éviter la menace d'une intervention occidentale. Le 29 juin 2014, l'État islamique en Irak et au Levant (Daech), qui s'est émancipé de la nébuleuse Al-Qaïda, proclame le rétablissement du califat sur une partie du territoire syrien et irakien qu'il contrôle.

Le conflit a déplacé environ 12 millions de citoyens dont 5 millions à l'étranger, notamment dans les pays limitrophes (Turquie, Liban, Jordanie). Il a causé plus de 500 000 morts. En septembre 2014, soixante-dix pays se sont unis pour former une coalition contre Daech mais, en septembre 2015, la Russie lance une campagne de bombardements qui permet à Bachar Al-Assad de regagner du terrain. En 2019, l'État islamique perd son assise territoriale, grâce à l'action conjointe de la coalition internationale et des forces kurdes.

Si Bachar Al-Assad a reconquis l'essentiel du territoire syrien, il est à la tête d'un État détruit. Le pays s'enfonce dans la crise. Ses structures – santé, éducation – disparaissent. De plus, une solution politique n'est pas envisageable tant qu'il demeure au pouvoir : ni les Occidentaux ni les pays arabes n'accepteront de payer la reconstruction du pays, du moins tant que Bachar Al-Assad est au pouvoir. Les Russes, qui ont montré qu'ils sont incontournables dans la région, peuvent s'accommoder de continuer, avec l'aide de l'Iran, à soutenir le régime, mais ils n'ont pas les moyens de le reconstruire. Le retour de la Syrie au sein de la ligue des États arabes est évoqué.

En résumé

Commencée dans la foulée des « printemps arabes », la révolution syrienne est lourdement réprimée. La militarisation et l'internationalisation du conflit vont en faire l'un des plus sanglants de ce début de siècle.

CHAPITRE 7
LE YÉMEN

La guerre civile débutée en 2013 au Yémen, sur fond d'interventions étrangères, a causé plus de 350 000 victimes directes et indirectes[2], sans susciter d'écho médiatique à la hauteur des catastrophes humanitaires engendrées. Le relatif silence des médias occidentaux s'explique par le fait que le pays (peu connu) est fermé à la presse et que les principaux protagonistes sont d'importants alliés des Occidentaux.

Le président Ali Abdallah Saleh prend le pouvoir au Yémen du Nord (Sanaa) en 1978, tandis qu'au Yémen du Sud (Aden) est mis en place un régime communiste pro-soviétique. En 1990, alors que le monde sort de la guerre froide, les deux Yémen sont réunifiés. En 2004, les chiites (30 à 40 % de la population) situés au nord, dirigés par Hussein Al Houthi, s'estimant marginalisés et défavorisés, se rebellent contre le pouvoir central. Par ailleurs, depuis la guerre d'Afghanistan, le Yémen sert de base arrière aux djihadistes. Al-Qaïda s'y étant implantée, les États-Unis procèdent régulièrement à des frappes de missiles. En septembre 2004, Houthi est tué par une frappe de la CIA (*Central Intelligence Agency).*

En 2011, au pouvoir depuis trente-trois ans, le président Saleh, dans le sillage des « printemps arabes », est fortement contesté par son peuple. Il tente de réprimer la révolte populaire par la force. Il est finalement contraint au départ, par les pressions conjointes des États-Unis et des pays du Golfe. Pour autant, la situation ne se stabilise pas.

2. Estimations de l'ONU. Plus de 220 000 personnes auraient été victimes de la crise humanitaire déclenchée par la guerre.

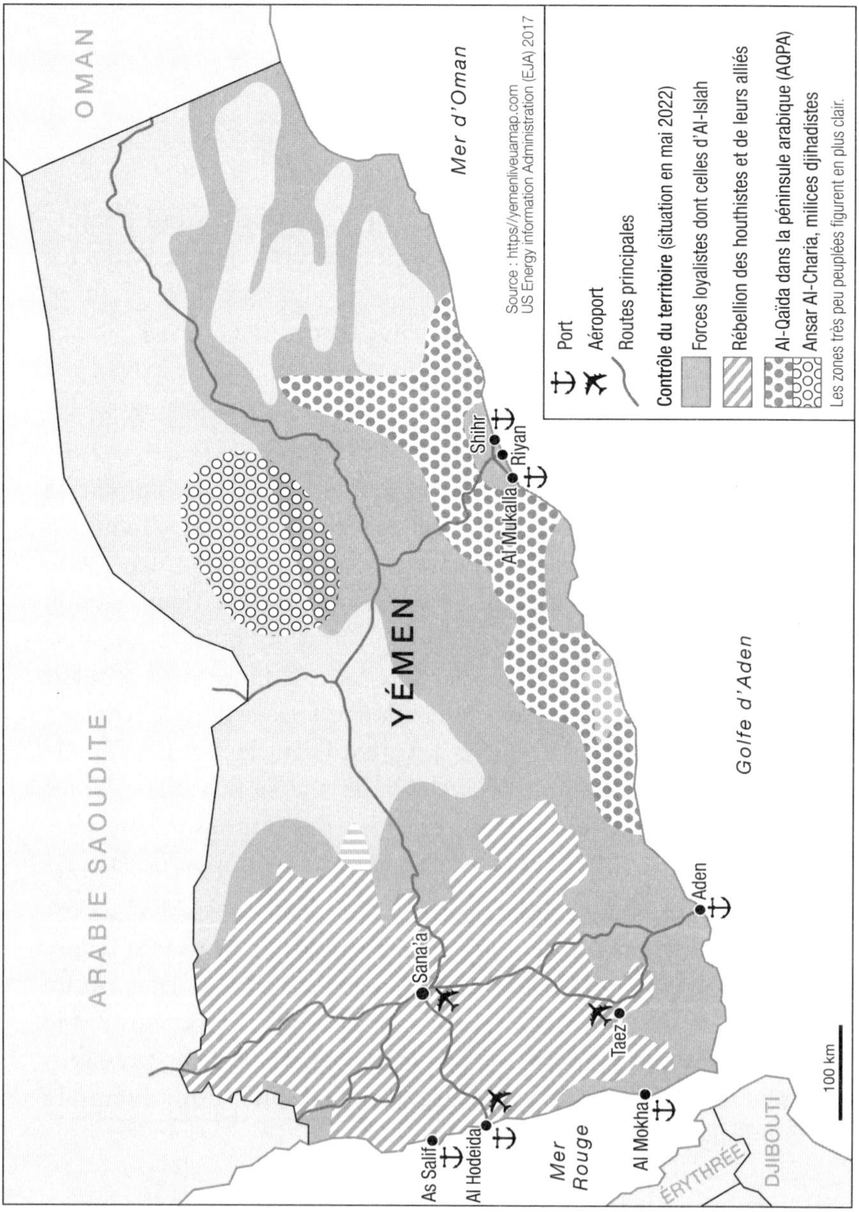

La rébellion houthiste au Yémen

S'alliant avec les Houthistes, qu'il combattait auparavant, Saleh demeure un élément central de la crise politique au Yémen. Les Houthistes arrivent à contrôler une partie du pays, dont la capitale Sanaa, et parviennent aux portes d'Aden. L'Arabie saoudite y voit la main de son rival, l'Iran, qu'elle accuse d'expansionnisme et d'hostilité à son égard.

Riyad a toujours considéré le Yémen comme son « arrière-cour ». Elle met alors en place une coalition arabe sunnite et soutient le gouvernement internationalement reconnu d'Aden. C'est sur l'impulsion du nouveau prince héritier du royaume saoudien, Mohammed ben Salmane Al Saoud (MBS), âgé de trente ans et souhaitant affirmer son pouvoir, que se met en place l'intervention militaire, baptisée « tempête décisive », puis « restaurer l'espoir » en mars 2015. La coalition comprend les membres du Conseil de coopération du Golfe (sauf Oman), l'Égypte, la Jordanie, le Maroc et le Pakistan. Le Qatar en est exclu en juin 2017, à la suite du blocus décrété par l'Arabie saoudite et les Émirats arabes unis. La campagne militaire se fait essentiellement par des frappes aériennes, principalement menées par Riyad et Abu Dhabi. Le conflit s'enlise et la résistance est plus forte que prévu, notamment du fait de l'hostilité à l'égard de l'Arabie saoudite. Le président, Abd Rabbo Mansour Hadi, reconnu par l'ONU, ne contrôle qu'une faible partie du territoire et est basé à Riyad.

Le Yémen sombre dans le chaos au point que l'ONU qualifie la situation de « plus grave crise humanitaire que le monde connaît actuellement ». Sur 27 millions d'habitants, on estime que plus de 20 millions ont besoin d'aide alimentaire (soit 60 % de la population) et que près de 11 millions (dont la moitié d'enfants) sont touchés par la famine. Depuis avril 2017, le choléra aurait touché 1,2 million de personnes. De plus, les bombardements de l'aviation saoudienne ont touché écoles et hôpitaux, réduisant à néant les structures sanitaires et sociales du pays. Le rapport du Secrétaire général des Nations unies, rendu public le 5 octobre 2017, place pour la première fois la coalition militaire au sein des pays et entités ayant commis en 2016 des meurtres ou mutilations d'enfants. Les Occidentaux, malgré le malaise créé par les bombardements, évitent de s'exprimer, du fait de leurs liens économiques et militaires (vente d'armes) avec l'Arabie saoudite.

Si l'Iran aide indirectement les Houthistes, la révolte de ces derniers est avant tout animée par la volonté de voir leurs droits reconnus et de mettre en place une solution fédérale qui leur offrirait un accès à la mer. Mais l'Arabie saoudite et ses alliés, privilégiant leur lecture « globale » du conflit, se sont lancés dans une confrontation générale avec l'Iran en niant la dimension interne du conflit.

Le 2 décembre 2017, l'ancien président Saleh a opéré un spectaculaire rapprochement – dénoncé comme une trahison par les Houthistes – avec le camp saoudien afin d'obtenir une levée du blocus à l'encontre du Yémen. Ses anciens alliés l'assassinent deux jours plus tard.

Alors qu'en vertu des liens économiques et stratégiques qui les unissent, les puissances occidentales laissaient les mains libres à l'Arabie saoudite au Yémen, l'assassinat du journaliste Jamal Khashoggi en octobre 2018 a suscité une indignation médiatique et populaire qui a permis de mettre en lumière le conflit au Yémen et de dénoncer les actions de Riyad, de plus en plus isolée après le retrait des Émirats arabes unis, pour mettre fin aux bombardements.

Arrivé au pouvoir, Joe Biden met la pression sur Riyad pour mettre fin à son implication dans le conflit. Il annonce la suspension du soutien et de la vente d'armes à l'Arabie saoudite en février 2021. Des combats sporadiques se poursuivent dans le pays. Un cessez-le-feu est finalement obtenu au printemps 2022. Des négociations se mettent en place.

En résumé

Le Yémen fait face depuis 2013 à une terrible guerre, opposant les forces du président Hadi aux rebelles houthistes, alliés à l'ancien président Saleh. L'Arabie saoudite et l'Iran, impliqués à divers degrés, s'y affrontent indirectement. Malgré ses (plus de) 350 000 victimes directes et indirectes et la situation humanitaire catastrophique du pays (famine, épidémie de choléra), le conflit se joue dans une relative indifférence médiatique.

CHAPITRE 8

LA LIBYE

La Libye a été colonisée par l'Italie durant la Seconde Guerre mondiale. Occupée par les Français et les Britanniques, elle devient indépendante en 1951 sous le règne d'Idriss Ier, prenant la forme d'une monarchie fédérale qui réunit la Tripolitaine, la Cyrénaïque et le Fezzan. On y découvre rapidement des gisements pétroliers qui offent une relative aisance à un pays autrefois très pauvre. En 1969, le colonel Kadhafi renverse le roi, accusé de ne pas faire profiter la population de la manne pétrolière et d'être trop soumis aux puissances étrangères. Kadhafi prône le socialisme, le panarabisme et le panafricanisme de façon exaltée et brouillonne. Son discours est radicalement antioccidental. Il finance les mouvements armés et le terrorisme antioccidental grâce aux moyens abondants dont il dispose depuis le choc pétrolier de 1973. Le pays est faiblement peuplé et Kadhafi instaure une dictature particulièrement répressive.

Loin de fédérer Arabes et Africains derrière lui, il suscite au contraire méfiance et hostilité face à ses désirs de domination qui cachent mal son discours panarabe et panafricain. Les monarchies arabes conservatrices savent qu'il veut les renverser. Les pays africains profitent de ses largesses, mais le tiennent à distance. Les pays occidentaux sont partagés entre le désir d'obtenir des contrats en Libye, et la répulsion que ses diatribes antioccidentales leur inspire et l'aide qu'il fournit à l'IRA (Irish Republican Army), à l'ETA (Euskadi ta Askatasuna, organisation indépendantiste basque) et à la galaxie terroriste.

En 1986, les États-Unis effectuent, après un attentat dans une discothèque de Berlin fréquentée par les GIs, un raid sur Tripoli. Kadhafi échappe de peu à la mort. La Libye est alors soumise à des sanctions et un embargo décidé par l'ONU en 1992. Après le 11 septembre 2001, il comprend que la donne a changé. Il va vouloir se rapprocher des Occidentaux au nom de la lutte contre le terrorisme islamiste dont il estime qu'il est l'adversaire. L'embargo onusien est levé en 2003. À cette date, Kadhafi, soucieux d'éviter le sort de Saddam Hussein, renonce à un embryon de programme nucléaire et chimique. Les Occidentaux se satisfont de ce retournement et espèrent bénéficier plus largement du marché libyen. Il est spectaculairement invité en France par le président Sarkozy en 2007 et redevient fréquentable, bien qu'il soit toujours fantasque et répressif, son virage prooccidental n'étant en rien accompagné par un virage prodémocratique.

Dans la foulée des révolutions tunisienne et égyptienne, la contestation se développe en février 2011 en Libye, notamment à Benghazi. Kadhafi réagit par une répression sanglante et promet même un massacre de grande ampleur. Le 17 mars, après un appel de la Ligue des États arabes, le Conseil de sécurité des Nations unies adopte la résolution 1973, évoquant « la responsabilité de protéger » les populations civiles face aux menaces de Kadhafi. La Russie, la Chine, l'Afrique du Sud, le Brésil et l'Allemagne s'abstiennent, peu convaincus de la pertinence d'une intervention militaire, mais soucieux de ne pas sembler couvrir un massacre. Avec l'aide des États-Unis, la France et le Royaume-Uni lancent des raids aériens contre les forces libyennes pour les empêcher de reprendre Benghazi et de massacrer ses habitants. Kadhafi ne renonce pas à la répression. Le mandat initial de l'ONU, lié à la protection de la population, est interprété comme justifiant un changement de régime. Londres et Paris aident les insurgés à prendre le pouvoir et à renverser Kadhafi, qui sera assassiné lors de son arrestation, le 20 octobre 2011. Cette guerre est présentée par certains comme étant une guerre morale, mais le « jour d'après » n'a pas été prévu.

Un nouveau gouvernement est mis en place, et doit alors faire face à une situation anarchique, à l'impossibilité d'instaurer un pouvoir central face aux tentations sécessionnistes, à l'autonomie des tribus et aux résistances des différentes factions armées.

La Russie (et la Chine), furieuse d'avoir vu le mandat être changé en cours de route (de « protéger la population » à « renverser le régime »), va désormais opposer son véto sur toute résolution sur la Syrie.

La déstabilisation de la Libye va aggraver la situation déjà fragile dans l'ensemble du Sahel, notamment au Mali. La Tunisie, dont la Libye était un partenaire économique de premier plan, souffre également du chaos libyen. Les pays africains vont estimer que les pays occidentaux n'ont pas tenu compte de leurs réserves avant de décider d'intervenir.

Le chaos s'installe dans le pays où Daech parvient à s'établir. Deux gouvernements – l'un à Tripoli, l'autre à Tobrouk – s'affrontent sans que les médiations française, italienne et onusienne ne parviennent à les réconcilier. Des milices liées à Al-Qaïda et Daech s'installent. Des réseaux de trafic humain s'établissent, maltraitant ou réduisant à l'esclavage les migrants venus d'Afrique subsaharienne.

Deux pouvoirs se font face : d'un côté, celui de Sarraj, reconnu par l'ONU, soutenu par la Turquie et le Qatar ; en face, le maréchal autoproclamé Haftar conteste son pouvoir et mène une guerre soutenue par la Russie, l'Arabie saoudite, l'Égypte, les Émirats arabes unis et la France (qui ne le reconnaît pas officiellement). Les ingérences extérieures aggravent le conflit et le chaos. Fin 2020, un cessez-le-feu national est obtenu après une série de négociations internationales.

En 2021, la perspective d'une réconciliation apparaît avec la mise en place d'un gouvernement d'union qui permet d'espérer un retour à la paix. Des élections présidentielles devaient avoir lieu en décembre 2021 mais elles sont finalement annulées du fait de la poursuite de l'instabilité et des violences dans le pays, preuve que le chemin vers la paix est encore long. La division entre l'Est et l'Ouest du pays autour de représentants politiques distincts se maintient. Le président Macron reconnaît une dette de la France envers la Libye du fait de l'intervention de 2011.

Résumé

> **Après l'intervention militaire occidentale en 2011, faite au nom de la protection de la population contre Kadhafi, la Libye a sombré dans le chaos.**

Expliquez-moi... en vidéo !

LA LIBYE

https://www.editions-eyrolles.com/go/geopolitique06

CHAPITRE 9

L'AFGHANISTAN

Depuis décembre 1979, date de l'intervention militaire soviétique, l'Afghanistan est en guerre.

Au XIXe siècle, le pays avait été au centre du « Grand Jeu », lutte d'influence entre la Russie et l'Angleterre. Après y avoir connu une lourde défaite, l'Angleterre fera de l'Afghanistan un semi-protectorat. En 1893, la ligne Durand définit la frontière entre le Pakistan et l'Afghanistan, privant ce dernier d'une partie de son territoire qui constitue aujourd'hui les « zones tribales pakistanaises ».

Les Pachtouns représentent 60 % de la population de l'Afghanistan et 13 % de la population pakistanaise.

Pendant la guerre froide, les Afghans se proclament non-alignés. L'intervention soviétique de 1979 a pour but de mettre fin à l'affrontement entre deux factions du PC. Cette guerre, lancée pour éviter qu'un régime communiste ne soit renversé, va se transformer en bourbier pour l'Union soviétique. Elle affaiblit son prestige dans le tiers-monde où l'URSS se présentait comme un allié naturel contre l'impérialisme américain, et surtout dans le monde musulman. Les États-Unis aident les moudjahidin, considérés comme des combattants de la liberté, sans opérer de distinction entre radicaux et modérés. Brzeziński dira que, à l'échelle historique, le soutien apporté à des islamistes radicaux est un coût relativement faible par rapport à la chute de l'Empire soviétique. En 1988, Gorbatchev mit fin à la présence militaire soviétique en Afghanistan, conscient que la guerre, qui ne pouvait être gagnée, affaiblissait l'URSS. La paix ne s'impose pas pour autant et, déchiré dans des luttes qui opposent les différents seigneurs de la guerre, le pays devient un État failli. En 1996, les talibans, des Pachtouns adeptes d'un islam radical, s'emparent du pouvoir sans opposition des États-Unis. Une grande partie de la population préfère l'ordre rigoureux et liberticide qu'ils lui imposent à l'anarchie et à l'insécurité qui régnaient auparavant. Les talibans sont aidés par le Pakistan qui craint que l'Afghanistan ne tombe dans la sphère d'influence indienne. L'alliance du Nord, coalition de non-Pachtouns dirigée par le commandant Massoud, les combat. Celui-ci est victime d'un attentat le 9 septembre 2001. L'Afghanistan sert de refuge à Al-Qaïda. Après les attentats du 11 septembre 2001, les talibans refusèrent de livrer Ben Laden aux Américains. En réponse, ces derniers déclenchèrent une opération militaire en octobre qui allait les renverser. Le Pachtoun pro-occidental, Hamid Karzaï, est installé au pouvoir. Une force internationale d'assistance à la sécurité est mise en place à partir du 20 décembre 2001, par un mandat du Conseil de sécurité de l'ONU. H. Karzaï, qui ne parvient pas à imposer son autorité sur le pays, est rapidement accusé d'inefficacité et de corruption. Il s'appuie sur les anciens seigneurs de la guerre, coupables de nombreuses exactions, qui vont détourner une grande partie de l'aide internationale. Le pays vit toujours dans le sous-développement et l'insécurité. Les talibans n'ont pas été définitivement vaincus, dans la mesure où, à partir de fin 2002, les États-Unis délaissèrent quelque peu le pays pour se concentrer sur l'Irak. Les talibans regagnent peu à peu en légitimité. L'OTAN est militairement présente au nom de la guerre contre le terrorisme. Mais pas plus que les Soviétiques, les soldats de l'OTAN ne parviennent à obtenir une victoire totale. Au fur et à mesure, ceux qui apparaissaient comme des libérateurs sont vécus comme des occupants ; les talibans regagnent une popularité sur le thème de la lutte contre la présence militaire étrangère.

En 2011, le processus de transfert de la sécurité des troupes de l'OTAN à l'armée nationale est entamé pour être achevé en 2014. L'OTAN dirige depuis janvier 2015 une nouvelle mission : *Resolute support*. Plus de 17 000 soldats issus d'une quarantaine de pays y participent. Depuis cette date, plus de 25 000 soldats et policiers afghans ont été tués par les talibans.

En 2015, le Pachtoune Ashraf Ghani a remporté les élections présidentielles et partage le pouvoir avec Abdullah Abdullah, vaincu au second tour. Mais la paix ne revient pas pour autant et la corruption atteint des sommets dans le pays.

Alors que Donald Trump prônait un retrait d'Afghanistan, il fut décidé en août 2017 d'envoyer finalement quelques milliers de soldats américains supplémentaires face aux gains territoriaux des talibans. La guerre d'Afghanistan est désormais la plus longue jamais menée par les États-Unis. Fin 2018, les forces afghanes contrôlaient à peine 55,5 % du territoire, son plus bas niveau depuis trois ans[3].

Le conflit afghan illustre les difficultés qu'ont des troupes étrangères à occuper un pays malgré leur supériorité technologique. Celle-ci leur permet de gagner facilement la guerre – en mai 2016, le mollah Mansour, chef des talibans, est tué par un drone américain –, mais, sur le long terme, elle ne leur donne pas la garantie d'être acceptées par la population. Il est plus facile de conquérir un territoire que sa population. Les attentats contre les forces gouvernementales ou la présence étrangère – civile ou militaire – se poursuivent à un rythme régulier.

Fin février 2020, un accord était conclu entre les États-Unis et les talibans, permettant d'entrevoir le départ des troupes américaines mais aussi le possible retour des talibans au pouvoir.

Joe Biden a confirmé la décision du retrait des troupes américaines qui débute à l'été 2021. Les talibans, dont l'avancée s'est avérée bien plus rapide que prévue, atteignent Kaboul le 15 août. Les chancelleries occidentales se retranchent à l'aéroport de Kaboul, dernier lieu tenu par les forces occidentales. Elles organisent depuis l'aéroport le départ de leurs ressortissants et de certains Afghans ayant travaillés à leur côté. C'est

3. Rapport SIGAR (Special Inspector for Afghanistan Reconstruction).

une véritable débâcle. Le retrait des troupes s'achève le 31 août. L'Afghanistan aura constitué la plus longue guerre menée par les États-Unis – 20 ans. Elle aura coûté 2 000 milliards de dollars aux États-Unis et causé la mort de plus de 3 600 soldats américains, 47 000 civils et 70 000 forces afghanes sans produire de résultats positifs à long terme. Les talibans assoient leur pouvoir à Kaboul et forment un nouveau gouvernement, provoquant l'émoi des opinions publiques occidentales. Ils rétablissent un système ultra-répressif, retirant toute liberté – y compris celle d'étudier – aux femmes. Le régime s'avère incapable de gérer le pays, qui souffre de multiples pénuries, une partie de la population étant même sous-alimentée.

En résumé

Les Soviétiques, qui ont envahi l'Afghanistan en 1979, y ont été vaincus dans une guerre d'usure. Leur départ, loin d'amener la paix, a plongé le pays dans le chaos. Les talibans y ont ramené l'ordre, mais ont hébergé Al-Qaïda, qui a pu organiser depuis le pays les attentats du 11 septembre 2001. Le retrait américain, effectif en août 2021, est une véritable débâcle. Les talibans reprennent le pouvoir à Kaboul. Les vingt ans de guerre et 2 000 milliards de dollars dépensés par les États-Unis n'ont rien changé.

Expliquez-moi... en vidéo !

L'AFGHANISTAN

https://www.editions-eyrolles.com/go/geopolitique07

CHAPITRE 10

L'INDE ET LE PAKISTAN

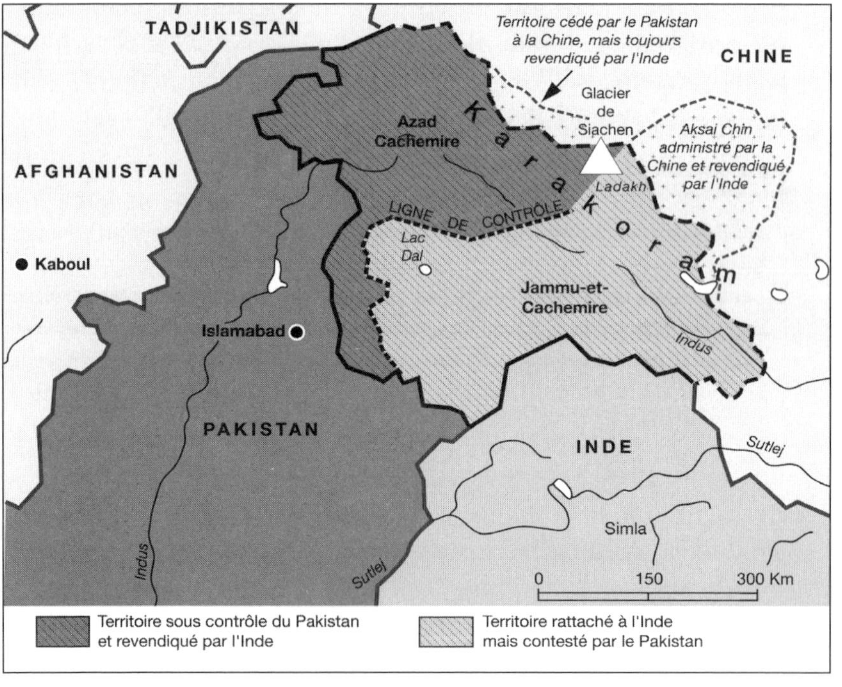

Situation de l'Inde et du Pakistan

C'est un contentieux à la fois territorial et idéologique qui oppose, depuis leur naissance, l'Inde et le Pakistan, tous deux issus de l'ancien Empire britannique des Indes.

Depuis 1947, date de l'indépendance de l'Inde et du Pakistan, le Cachemire a fait l'objet de trois guerres ouvertes indo-pakistanaises (1947, 1965, 1971). Depuis, les deux pays sont devenus des puissances nucléaires. La dissuasion n'empêche cependant pas de nombreux escarmouches et attentats.

Pour chacun des deux États, le rattachement du Cachemire fait partie de l'idée qu'ils se font de leur propre nation. Pour New Delhi, il est justifié par le caractère multiculturel, multi-ethnique et laïque de l'Union indienne : les musulmans y ont donc leur place. Pour le Pakistan, créé pour regrouper les musulmans de l'Empire britannique des Indes, c'est le caractère musulman de la population qui doit en être le critère déterminant. Peuplé majoritairement de musulmans, le Cachemire doit logiquement y être rattaché.

Le maharadjah hindou du Cachemire s'était rallié à l'Inde lors de l'indépendance. En 1947, le Pakistan s'est lancé immédiatement dans une guerre qui aboutit à un partage de la région entre une zone de souveraineté indienne et une zone de souveraineté pakistanaise, séparées par une ligne de cessez-le-feu : la ligne de contrôle.

D'abord principalement alimentée par le Pakistan, l'opposition à la présence militaire indienne au Cachemire a désormais des racines internes, la population étant lasse de l'occupation et souhaitant un plus grand développement économique. Initialement, l'opposition à l'Inde était armée, le cycle attentat/répression militaire s'y était installé. Actuellement, il existe une véritable opposition populaire qui inquiète New Delhi. L'Inde rejette toute internationalisation du conflit et refuse également l'autodétermination. Elle estime que le rapport de forces militaires lui est favorable, un droit de regard de la communauté internationale ne pourrait donc que la desservir. Elle est consciente que l'autodétermination amènerait au rejet de sa présence. Son occupation militaire du Cachemire et son attitude vis-à-vis de ce conflit peut à terme entraver son image sur le plan international. C'est en contradiction avec les principes démocratiques dont se revendique l'Inde. Elle accepte le principe d'une autonomie limitée. Malgré la visite historique (et surprise) de Modi à Sharif en décembre 2015, les violences reprennent dans le Cachemire à l'été 2016.

En février 2019, les deux pays connaissent un épisode de confrontation au Cachemire, après un attentat contre des forces indiennes que New Delhi soupçonne d'avoir été fomenté par Islamabad. À l'été, le gouvernement de Narendra Modi met fin à l'autonomie constitutionnelle du Cachemire, coupe la région du reste du monde et durcit la répression. À compter de cette même année, l'Inde prend à l'égard des musulmans des mesures discriminatoires, qui viennent détériorer un peu plus ses relations avec Islamabad.

Les États-Unis voudraient que cette question soit résolue afin que le Pakistan puisse se concentrer sur la lutte antiterroriste. Cela leur permettrait de toute façon de mieux concilier leur ancienne alliance avec le Pakistan et leur rapprochement stratégique plus récent avec l'Inde.

En cas d'autodétermination, il est par ailleurs probable que les Kashmiri choisiraient l'indépendance plutôt que le rattachement à l'Inde ou au Pakistan. Mais, pour l'heure, le *statu quo* semble prévaloir. Ni l'Inde ni le Pakistan ne sont disposés à accepter des concessions territoriales qui seraient définitives. Quels que soient les dirigeants qui se succèdent à New Delhi et Islamabad, les relations indopakistanaises alternent entre crises et tentatives – qui tournent généralement court – de réconciliation. Le conflit, qui touche à l'identité profonde des deux pays, ne semble pas pouvoir prendre fin.

En résumé

Depuis leur indépendance en 1947, l'Inde et le Pakistan s'affrontent à propos du Cachemire, une région dont la plus grande part est occupée par l'Inde mais majoritairement peuplée de musulmans. L'occupation indienne est désormais contestée par la population du Cachemire qui a perdu son autonomie à l'égard de New Delhi, et vient ternir l'image de l'Inde.

CHAPITRE 11

LA CHINE ET TAÏWAN

La Chine populaire estime que l'île de Taïwan fait intégralement partie de son territoire, bien qu'elle n'y exerce pas la souveraineté.

En 1949, Mao triomphe de Tchang Kaï-chek. Le Parti communiste installe son pouvoir sur la Chine continentale tandis que les forces nationalistes se réfugient sur l'île de Taïwan, qui avait été occupée par le Japon jusqu'en 1945. Chacun compte pouvoir opérer la réunification, par la force, à son avantage et estime représenter seul la Chine. Malgré sa défaite, Tchang Kaï-chek conserve le siège de membre permanent de la Chine au Conseil de sécurité. L'alliance stratégique de Taïwan avec les États-Unis empêche la Chine continentale de conquérir l'île. La survie de Taïwan devient un enjeu essentiel de la guerre froide, de la politique de *containment* et de la crédibilité de la garantie américaine. Dictature communiste et dictature militaire se disputent la légitimité de la représentation de la Chine. Un pays qui a des relations diplomatiques avec l'un ne peut en avoir avec l'autre. Tandis que la Chine communiste stagne économiquement, prise dans les troubles politiques (« Grand Bond en avant », Révolution culturelle prolétarienne), Taïwan, grâce à ses liens avec les économies américaine et japonaise, connaît un fort développement et devient l'un des quatre « tigres » asiatiques.

Estimant que la principale menace vient de l'Union soviétique et prenant en compte la brouille sino-soviétique, Nixon et Kissinger vont se rapprocher de Pékin pour établir à l'encontre de Moscou une alliance de revers. La Chine populaire va prendre la place de Taïwan à l'ONU. Les États-Unis établissent des relations diplomatiques avec Pékin qu'ils reconnaissent comme seul représentant de la Chine, tout en rompant celles qu'ils avaient avec Taïwan. Ils maintiennent toutefois leur alliance stratégique et de défense avec l'île et développent le concept d'« ambiguïté stratégique » concernant Taïwan : sans promettre une intervention pour défendre l'île, il lui assure de lui fournir les moyens de sa défense.

Le développement économique de Taïwan va conduire à une démocratisation du pays. Certaines forces politiques vont pousser pour que l'île proclame officiellement son indépendance. Mais la majorité des Taïwanais la refusent, estimant que ce serait agiter un chiffon rouge sous les yeux de Pékin et créer un *casus belli*. Taïwan vit dans un *statu quo*, ne prétend plus représenter la Chine tout entière, mais ne va pas jusqu'à réclamer l'indépendance, espérant que le temps joue en sa faveur et conforte petit à petit une indépendance de fait, dont l'île se contenterait.

À partir des années 1980, la Chine populaire va à son tour connaître un fort développement économique. Pékin se réclame toujours de la politique d'une seule Chine, qu'elle représente, et considère Taïwan comme une province renégate qui doit revenir dans son giron. Son développement économique, associé à son poids stratégique croissant, fait que la quasi-totalité des États ont établi des relations diplomatiques avec elle, rompant avec Taïwan. Les échanges économiques entre les deux nations se sont développés et le langage de la guerre froide a été mis de côté. Pékin reste néanmoins très attentif aux débats politiques intérieurs taïwanais, notamment vis-à-vis du courant indépendantiste, et à la nature des relations que les autres pays entretiennent avec l'île. La restitution de Hong Kong puis de Macao à la Chine a donné une nouvelle importance à Taïwan. La Chine développe à l'égard de Hong Kong l'idée d'« *un pays, deux systèmes* » qui permettrait à l'avenir de réintégrer Taïwan en lui permettant de conserver une certaine autonomie au sein de la République populaire chinoise. Mais le contrôle accru de Pékin sur Hong Kong inquiète les Taïwanais qui souhaitent conserver leur indépendance de fait et un système pleinement démocratique. L'objectif de Pékin est toujours la réunification par la négociation, mais sans exclure officiellement la possibilité de le faire par la force. Taïwan est toujours alliée aux États-Unis. L'enjeu pour Washington est celui de sa crédibilité internationale : s'ils cèdent à Pékin sur la question de Taïwan, les États-Unis ne seront plus un acteur crédible en Asie-Pacifique.

Pour Pékin, la question de la réintégration de Taïwan a une importance politique capitale. C'est un enjeu national et essentiel. Il représente la grandeur et l'unité retrouvée de la Chine. Pékin souhaite éviter une confrontation militaire qui lui coûterait cher, mais n'admettra jamais l'indépendance de Taïwan. En novembre 2015, pour la première fois depuis 1949, les deux présidents chinois (Xi Jinping) et taïwanais (Ma Ying-Jeou) se rencontraient à Singapour. Mais Tsaï Ing-Wen, candidate du parti démocratique progressiste (DPP), a largement remporté les élections de 2016. Elle est largement réélue en janvier 2020, profitant de la crainte suscitée à Taïwan par la répression en cours à Hong Kong. Son parti souhaite limiter la dépendance de Taïwan envers Pékin, qui s'en méfie.

Le nombre de pays reconnaissant Taïwan ne cesse de se réduire : ils ne sont plus que quinze, dont le Vatican et de petits États insulaires, essentiellement situés dans le Pacifique et en Amérique latine. La Chine refuse d'entretenir des relations diplomatiques avec un pays qui en aurait avec Taïwan. Il devient de plus en plus difficile de ne pas avoir de relations diplomatiques avec Pékin.

La guerre déclenchée par la Russie en Ukraine remet Taïwan sur le devant de la scène stratégique, les Occidentaux craignant que Pékin ne soit tenté d'imiter la Russie en tentant une reconquête par la force. Le président Joe Biden réaffirme alors le soutien des États-Unis à Taïwan. À l'été 2022, la présidente de la Chambre des représentants des États-Unis, Nancy Pelosi, profite d'un voyage en Asie pour passer par Taïwan. Un véritable affront pour Pékin qui réagit en multipliant les exercices militaires à proximité de l'île.

En résumé

> **La Chine populaire estime que l'île de Taïwan, autonome de fait depuis 1949, fait partie intégrante de son territoire et qu'il n'y a qu'une seule Chine. Pendant longtemps, la petite île compensait sa faiblesse démographique par son dynamisme économique, par opposition à la stagnation chinoise. Désormais l'argument ne vaut plus. Si Pékin veut pour le moment éviter la réunification par la force, plongeant la région dans le chaos, elle n'admettra cependant jamais l'indépendance de Taïwan.**

Expliquez-moi... en vidéo !

HONG KONG, TAÏWAN ET LA CHINE

https://www.editions-eyrolles.com/go/geopolitique08

CHAPITRE 12

TENSIONS EN MER DE CHINE

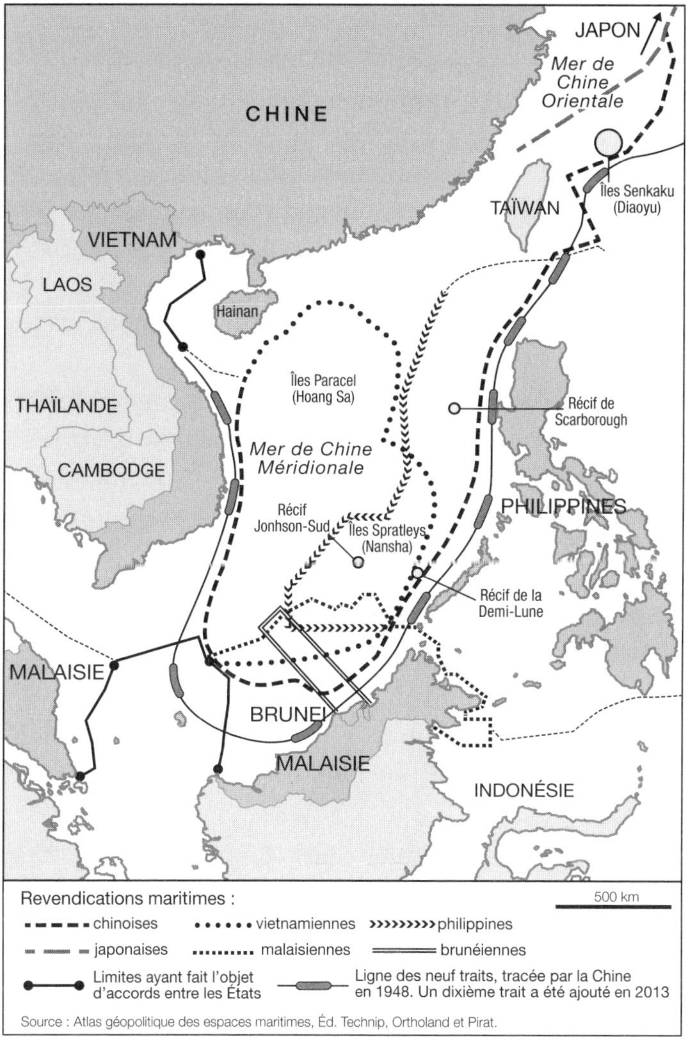

Un espace très disputé

La Chine présente sa propre montée en puissance comme étant pacifique. Si ses voisins du sud-est asiatique sont désireux de développer des relations économiques mutuellement bénéfiques, ils sont également inquiets des revendications chinoises dans le domaine maritime. Le cas le plus épineux concerne la relation entre la Chine et le Japon à propos des îles que le Japon nomme Senkaku et la Chine Diaoyu, la compétition territoriale venant se greffer sur une rivalité géopolitique et historique.

Après la Seconde Guerre mondiale, le Japon et la Chine n'ont pas opéré la même réconciliation historique que l'Allemagne et la France. Les deux pays étaient face à une menace soviétique commune ; la Chine est devenue communiste en 1949 et le Japon s'est lié aux États-Unis. Par ailleurs, les Chinois estiment que les Japonais (qui, après Hiroshima, conservent Hirohito comme empereur) ne se sont pas suffisamment excusés pour leurs crimes commis durant la guerre.

Alors que la Chine, puissance nucléaire, membre permanent du Conseil de sécurité des Nations unies, est maîtresse de son destin, le Japon, moins peuplé et stratégiquement dépendant des États-Unis, a connu un développement impressionnant entre 1950 et le début des années 1990, époque à laquelle la Chine commençait seulement son ascension. Mais, en 2011, le PIB chinois a dépassé le PIB japonais et l'Histoire et son interprétation divisent toujours Pékin et Tokyo. C'est dans ce contexte que la rivalité pour des îlots inhabités (mais importants pour la délimitation de la zone économique exclusive) prend toute son importance, sur fond de regain nationaliste dans les deux pays.

Les îles (qui font 7 km^2) ont été cédées par les États-Unis au Japon en 1971. En 2012, la ville de Tokyo les a achetées pour éviter que d'éventuels propriétaires privés y organisent des provocations à l'égard de la Chine. Mais cette dernière estime que cette « nationalisation » la prive de ses droits. En 2013, Pékin étend son espace aérien aux îles. Les États-Unis apportent leur soutien à Tokyo, Barak Obama déclarant que le traité de défense américano-japonais couvre les îles… Chacun montre ses muscles pour ne pas s'en servir, mais la crainte d'un dérapage mal contrôlé qui finirait en affrontement apocalyptique inquiète tout le monde.

La République populaire a défini, depuis 1947, la ligne dite des « neuf traits » délimitant l'espace maritime qu'elle revendique. Un dixième trait est ajouté en 2013. Cette ligne concerne la quasi totalité de la mer de Chine méridionale, ce qui implique des différends maritimes avec la quasi-totalité des pays de la région : le Vietnam (les Paracels), les Philippines (récif de Scarborough), la Malaisie, l'Indonésie et Brunei (îlots Spratleys) et Taïwan.

Pékin considère la mer de Chine méridionale comme une question d'intérêt national. Elle voit dans la maîtrise de cette mer une garantie pour son commerce et son approvisionnement : 80 % de ses importations transitent par cette mer, qui regorge par ailleurs de gaz et de pétrole, dont elle est gourmande. Les ressources halieutiques y sont également nombreuses. C'est enfin un lieu de passage pour les sous-marins nucléaires chinois. La Chine pratique une politique du fait accompli en fixant unilatéralement les frontières de son espace maritime, et en construisant des îlots artificiels à proximité des Spratleys pour étendre son emprise.

La Chine doit éviter d'effrayer ses voisins asiatiques par une trop nette affirmation de sa puissance. Les pays de l'ASEAN s'en inquiètent, et de ce fait sont poussés à se rapprocher des États-Unis, perçus comme une contre-assurance face aux ambitions chinoises. Ils craignent un affrontement sino-américain, aimeraient avoir de bonnes relations avec les deux, redoutant à la fois une montée en puissance agressive de la Chine et une poussée américaine dans la région pour y répondre. Ils estiment que leur sécurité est liée à Washington et leur bonne santé économique à Pékin.

La Cour permanente d'arbitrage (CPA) de la Haye, saisie par Manille (Philippines), a invalidé le 12 juillet 2016 les revendications de Pékin sur l'essentiel de cette mer stratégique, à la grande fureur de Pékin qui refuse de reconnaître cette décision.

En résumé

> **La mer de Chine est devenue l'objet de revendications territoriales croissantes entre la Chine et les autres pays riverains, notamment le Japon.**

CHAPITRE 13

LE TIBET ET LE XINJIANG

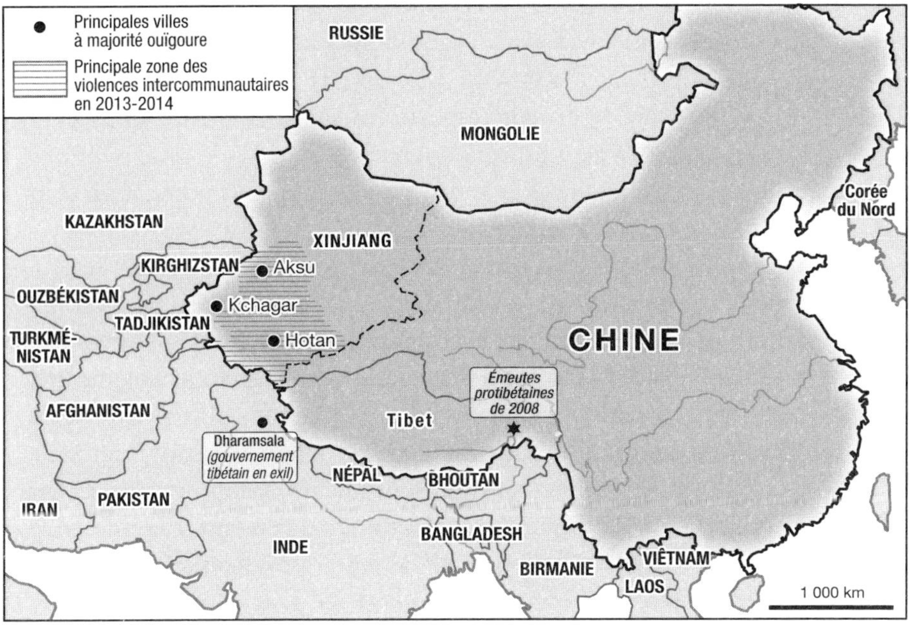

Le Tibet et le Xinjiang

Ces deux régions sur les marches de la Chine sont peuplées de populations n'appartenant pas à l'ethnie majoritaire Han. Leur contrôle, perçu comme vital pour Pékin, est un sujet très sensible dans le monde occidental.

Le Tibet

Selon les Chinois, le Tibet fait partie de leur empire depuis le VIIe siècle, à la suite du mariage entre le roi du Tibet et une princesse chinoise. Le Tibet va devenir au fil des siècles une théocratie. Au XVIIIe siècle, les lamas se reconnaissent comme vassaux de l'empire de Chine. À la chute de la dynastie mandchoue en 1911, les Chinois sont chassés du Tibet. Après la prise du pouvoir par Mao Tsé-toung, en 1949, l'armée chinoise annexe officiellement le Tibet. Il s'agit pour Mao Tsé-toung de jouer à la fois la carte nationaliste – la Chine fait désormais respecter sa souveraineté, ce qui n'était pas le cas avec l'ex-gouvernement nationaliste – et la carte politique – libérer les Tibétains du « servage » dans lequel la population était maintenue au profit du clergé. La population tibétaine, n'appartenant pas au clergé, était privée de tout droit politique et réduite à un état de misère et de travail forcé. En 1959, le dalaï-lama, qui est à la fois une autorité religieuse et politique, s'enfuit du Tibet pour se réfugier en Inde, à la suite d'un soulèvement populaire violemment réprimé. Il constitue un gouvernement tibétain, en exil. Lors de la Révolution culturelle, toutes les activités religieuses sont interdites, des milliers de temples sont détruits. Deng Xiaoping va modifier la politique de la Chine à l'égard du Tibet. Jouant à la fois de la carotte et du bâton, il modernise la région, la dote d'infrastructures et permet une légère ouverture culturelle. Il organise l'installation de nombreux Chinois dans la région afin d'en modifier l'équilibre démographique. Le dalaï-lama reçoit le prix Nobel de la paix en 1989. Il est considéré comme indépendantiste par la Chine, mettant en cause de façon inacceptable l'unité nationale du pays. Il prône la voie de la non-violence et cherche à aboutir à un compromis politique en vue de l'autonomie du Tibet, non de l'indépendance. Le dalaï-lama est très populaire dans le monde occidental. Il a le soutien de ceux qui sont culturellement tentés par le bouddhisme, de ceux qui le voient comme un leader non violent qui s'oppose à l'oppression militaire de la Chine et de ceux qui considèrent que c'est un bon instrument de communication politique négative à l'égard de la Chine, dont la montée en puissance inquiète. Les autorités chinoises disent vouloir choisir le prochain dalaï-lama, ce qui le privera d'une réelle légitimité aux yeux de la population du Tibet.

Les pays qui honorent ouvertement le dalaï-lama s'exposent à des représailles politiques et économiques, car ils sont accusés de remettre en question la souveraineté et l'intégrité territoriale de la Chine.

Par ailleurs, le Tibet a une importance stratégique majeure face à l'Inde, il dispose également de vastes réserves d'eau. La modernisation économique en cours est vécue comme une politique d'acculturation par de nombreux Tibétains ; elle est présentée comme faisant partie de la modernisation globale de la Chine par les autorités chinoises. Un Tibet indépendant est donc tout à fait inconcevable, encore moins avec la montée en puissance de la Chine. Sûre de conserver la souveraineté de la région, la Chine pourrait consentir à une ouverture culturelle et politique qui pourrait également englober le Tibet. Si les opinions occidentales sont très concernées par le sort du Tibet, leurs gouvernements s'accommodent très bien de la situation.

En 2011, le dalaï-lama a renoncé à sa fonction politique et transmis le pouvoir au Sikyong (Chef du gouvernement tibétain en exil). En 2015, il a déclaré qu'il pourrait ne pas désigner de successeur. Pékin, de son côté, se réserve le droit de désigner le prochain dalaï-lama.

Le Xinjiang

Le Xinjiang (« nouvelles frontières » en mandarin) est situé à l'ouest de la Chine. La région est peuplée de Ouïghours musulmans. Elle s'est vu attribuer un statut de région autonome par Pékin en 1955.

Riche en matières premières (50 % de la production chinoise de coton, 22 % des réserves du pays en pétrole, 28 % des réserves de gaz et 40 % de celles en charbon), la région a été rattachée à l'empire chinois en 1884. Elle manifeste des velléités d'indépendance au début du XXe siècle avant d'être totalement rattachée à la république populaire de Chine en 1949. Dès cette époque, le régime chinois met en place une politique massive d'immigration des Hans, particulièrement mal vécue par la population locale, ce qui donne lieu à des affrontements intercommunautaires à intervalles réguliers. Les Ouïghours estiment que leur autonomie n'est pas respectée.

En 2013 et en 2014, de violents attentats ont été commis en Chine par des Ouïghours radicalisés, entraînant une campagne de répression de la part du pouvoir central.

En novembre 2019, on apprenait, à la suite de fuites, que la politique de répression s'était durcie et qu'un million de Ouïghours avaient été placés dans des camps de « rééducation ».

Les opinions publiques occidentales réagissent vivement à ces révélations. De nombreuses entreprises occidentales ayant recours au travail forcé de Ouïghours dans la région sont pointées du doigt et font l'objet de campagnes de boycott. La communauté internationale, y compris les pays musulmans, n'ont guère réagi à ces révélations afin de ne pas froisser Pékin, partenaire économique majeur. Les États-Unis dénoncent cette répression pour mettre en difficulté Pékin, le secrétaire d'État de Joe Biden, Anthony Blinken, parlant même de génocide.

En résumé

Considérant qu'il fait partie intégrante de son territoire, la Chine n'accepte pas que l'on remette en cause sa présence ni même sa politique au Tibet. De larges secteurs de l'opinion occidentale voient dans le soutien au dalaï-lama un combat pour les libertés et la non-violence. La Chine refuse également tout commentaire extérieur sur sa politique au Xinjiang.

CHAPITRE 14

LA CORÉE

La division de la Corée, héritage de la guerre froide, fait face à une situation géopolitique potentiellement explosive.

Le Japon, qui occupe la Corée à partir de 1895, y a commis de multiples exactions jusqu'à sa défaite en 1945. Soviétiques et Américains se rejoignent sur le 38e parallèle. Comme en Allemagne, la division initialement prévue de façon provisoire va devenir durable. Chacun installe un régime qu'il contrôle. En 1950, pensant que les Américains n'allaient pas réagir, les troupes nord-coréennes franchissent le 38e parallèle. C'est la guerre. Les États-Unis prennent la tête d'une force de l'ONU (qu'ils ont pu créer grâce à l'absence provisoire de l'Union soviétique du Conseil de sécurité) et combattent aux côtés des Sud-Coréens. La Corée du Nord est matériellement aidée par l'Union soviétique, et humainement renforcée par des « volontaires » chinois. Le conflit, qui sera le plus sanglant de la guerre froide, s'achève par un retour au *statu quo ante*. Les négociations, qui débutent en juin 1951, s'achèvent par la signature d'une convention d'armistice le 27 juillet 1953. Le 38e parallèle n'est plus qu'une ligne de démarcation provisoire mais va devenir un rideau de fer asiatique.

La Corée du Nord devient un régime communiste sous la direction de Kim Il-sung. La Corée du Sud, tout en restant liée par un accord de défense avec les États-Unis, est dirigée par une dictature militaire. Les contacts entre les deux Corées sont interdits. Les deux Corées connaissent des évolutions différentes. Grâce à son accès privilégié au marché américain et à la priorité accordée à l'éducation, la Corée du Sud se développe économiquement et devient un « tigre asiatique ». La Corée du

Nord, régime autarcique, connaît une stagnation économique à partir des années 1980. Le développement économique, l'ouverture sur le monde extérieur et l'émergence d'une société civile conduisent la Corée du Sud à devenir une véritable démocratie. La Corée du Nord reste un régime communiste qui rejette la *perestroïka* de Gorbatchev et l'ouverture économique conduite en Chine. Sa nature demeure stalinienne et elle va même jusqu'à inventer un modèle de communisme héréditaire : en 1994, à la mort de Kim Il-sung, c'est son fils Kim Jong-il qui prend le pouvoir. L'année d'avant, un programme nucléaire militaire de grande ampleur a été découvert en Corée du Nord. Si la population de ce pays est soumise à une répression d'une autre époque (c'est le dernier pays réellement totalitaire au monde) et souffre également de sous-alimentation, si l'économie est en quasi-faillite, la Corée du Nord devient une puissance nucléaire dotée de missiles balistiques.

En 1998, un ancien prisonnier politique, Kim Dae-jung, devient président de la Corée du Sud. Il lance la *Sunshine Policy*, équivalent de l'*Ostpolitik* qui a permis le rapprochement des deux Allemagne. Il propose une aide économique à la Corée du Nord en espérant une modération de son comportement.

La Corée du Nord alterne le chaud et le froid et développe une stratégie dite d'« extorsion » pour obtenir une aide économique. Elle menace d'exporter ses capacités nucléaires et balistiques dans d'autres régions et de contribuer ainsi à la prolifération.

En 2008, Lee Miung-bak arrive au pouvoir et adopte une attitude plus dure à l'égard de Pyongyang, estimant que l'aide qui lui a été apportée n'a pas modifié son comportement. En 2013, Park Geun-hye, fille d'un ancien dictateur, lui succède et maintient la même politique. Accusée de corruption, elle est destituée et remplacée par Moon Jae-in, partisan du dialogue avec Pyongyang.

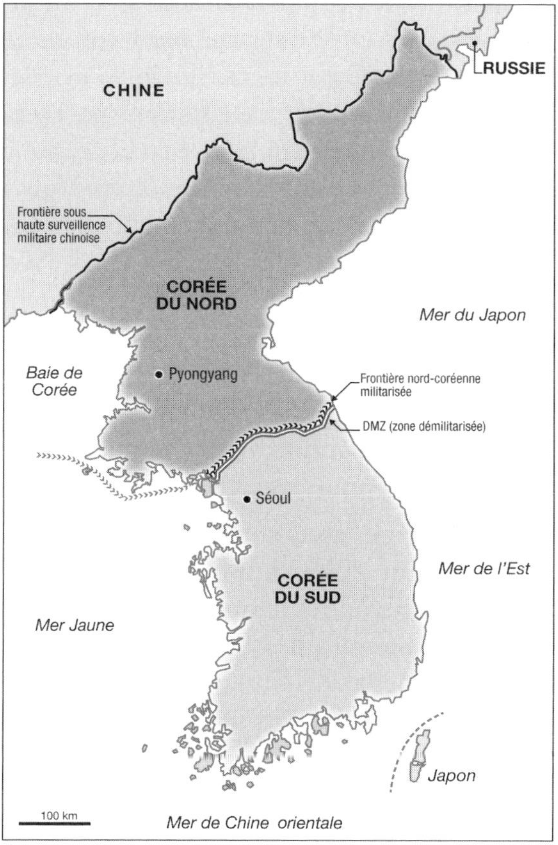

Corée du Nord et Corée du Sud

Régulièrement, la tension monte entre les deux pays, pouvant aller jusqu'à des escarmouches militaires, ce qui fait craindre la reprise d'une guerre de grande ampleur qui serait catastrophique pour la région. La situation entre les dcux Corées est un casse-tête géopolitique. La réunification officiellement souhaitée par chacun serait compliquée à gérer. La Corée du Sud a observé la réunification difficile de l'Allemagne alors que l'écart entre les deux Allemagne était bien moindre qu'entre les deux Corée. De plus, il y avait quatre Allemands de l'Ouest pour un Allemand de l'Est, alors qu'il n'y a que deux Sud-Coréens pour un Nord-Coréen. Une implosion du régime nord-coréen et une réunification rapide, imposée par les faits, risqueraient de déstabiliser la Corée du Sud. Un conflit entre les deux pays serait forcément perdu par la Corée du Nord du fait de la différence d'équipement militaire, sans parler de l'appui que les États-Unis apporteraient à Séoul. Mais avant d'être définitivement vaincue, la Corée du Nord pourrait faire subir de terribles dégâts. Séoul n'est qu'à une soixantaine de kilomètres de la ligne de démarcation, les missiles nord-coréens pouvant par ailleurs désormais atteindre toutes les villes de Corée du Sud et même Tokyo. Le dilemme sud-coréen consiste donc à éviter l'effondrement rapide de la Corée du Nord et un conflit, en souhaitant qu'à terme le régime nord-coréen s'ouvre progressivement.

L'objectif du régime nord-coréen est sa survie. Kim Jong-il décède en décembre 2011. Son fils, Kim Jong-un (petit-fils de Kim Il-sung) lui succède et maintient un régime totalitaire. Son dilemme est le suivant : il a besoin de l'aide extérieure pour éviter l'effrondrement de son régime, mais, conscient que seul l'exercice de la contrainte lui permet de tenir, il ne peut pas accepter de s'ouvrir.

Le Japon craint le caractère imprévisible du dirigeant nord-coréen mais également une réunification des deux Corées dont le ciment pourrait être l'hostilité envers lui. Le maintien de la division permet aux États-Unis de rester un partenaire incontournable pour la Corée du Sud.

À la suite des essais nucléaires opérés par la Corée du Nord en 2016, le Conseil de sécurité des Nations unies – avec l'accord de la Chine – vote de nouvelles sanctions à l'encontre de ce pays. Cela n'a pas empêché Kim Jong-un de multiplier les essais de missiles balistiques. Son sixième essai, en septembre 2017, utilisera même une technologie thermonucléaire. Si la Chine a moins d'influence sur la Corée du Nord, elle craint que les provocations de son leader entraînent un réarmement japonais et un renforcement de la présence militaire américaine dans la région.

Le président Moon Jae-in profite des JO d'hiver, qui se tiennent en Corée du Sud en février 2018, pour prendre contact avec le président nord-coréen. Les deux pays envoient une délégation commune et opèrent un spectaculaire rapprochement. Ils sont conscients qu'un affrontement les propulserait au premier rang.

Après des insultes et des menaces (réciproques) d'affrontement, D. Trump et K. Jong-un se réconcilient et organisent même un sommet commun à Singapour en juin 2018, suivi d'un autre à Saïgon en février 2019. D. Trump triomphe en affirmant avoir obtenu un accord de dénucléarisation. Un dialogue s'installe, mais ne mène pas à un règlement du conflit. Le conservateur Yoon Seok-youl, élu en 2022, remet en cause la politique de dialogue avec la Corée du Nord de son prédécesseur. Toujours en 2022, Pyongyang effectue de nouveaux tirs de missiles en direction de la mer du Japon et menace de reprendre ses essais nucléaires.

Il faudra s'habituer à vivre avec une Corée du Nord dotée de l'arme nucléaire. Kim Jong-un estime – à raison – que si Saddam Hussein et Mouammar Kadhafi en avaient bénéficié, ils seraient toujours en vie et au pouvoir. C'est l'assurance-vie du régime. En septembre 2022, Kim Jong-un réaffirme qu'il est hors de question de renoncer à l'arme nucléaire.

En résumé

La division de la Corée a survécu à la fin de la guerre froide ; elle oppose la Corée du Sud, ancienne dictature militaire devenue démocratie, à la Corée du Nord, restée figée comme régime stalinien. La stagnation économique de cette dernière tranche avec la prospérité de la première. Si l'objectif est la réunification, chacun s'accommode d'un *statu quo*, s'il permet d'éviter un conflit ou l'implosion de la Corée du Nord, qui ne renoncera pas à l'arme nucléaire, assurance-vie de son régime.

CHAPITRE 15

LE MALI ET LE SAHEL

Indépendant depuis 1960, le Mali, ancien Soudan français, est un pays plus de deux fois plus grand que la France. Le Nord représente 66 % du territoire national et 9 % de la population. Les Touaregs qui le peuplent majoritairement ont toujours eu le sentiment d'être les laissés-pour-compte de l'État malien. Malgré sa pauvreté, le Mali avait une image de bonne gouvernance démocratique sous la houlette d'Amadou Toumani Touré (ATT) qui, après un coup d'État en 1991, avait abandonné volontairement le pouvoir avant d'être élu démocratiquement en 2002 et en 2007. L'intervention militaire occidentale en Libye et la chute de Kadhafi qui s'ensuit (les pays africains plaidaient de leur côté pour une négociation) vont déstabiliser le Mali, puis l'ensemble de la région.

En octobre 2011, des rebelles touaregs, qui revendiquent l'autodétermination du Nord-Mali, créent le mouvement national pour la libération de l'Azawad (MNLA). Il crée une alliance de circonstance opportuniste avec le mouvement islamiste Ansar Dine qui se revendique d'Al-Qaïda au Maghreb islamique (AQMI). Le retour des mercenaires maliens ayant combattu aux côtés du colonel Kadhafi et qui doivent quitter la Libye où ils sont en danger renforce la rébellion, d'autant plus que la Libye devient un arsenal à ciel ouvert.

Le 22 mars 2012, un coup d'État destitue le président ATT, auquel on reproche son inefficacité devant la rébellion touarègue. Les villes du Nord-Mali tombent les unes après les autres aux mains de groupes islamistes. Le 6 avril, le MNLA proclame l'indépendance de l'Azawad (pays touareg). Le Mouvement pour l'unicité et le jihad en Afrique de l'Ouest (Mujao) se joint à lui. Ils imposent un régime ultra-répressif basé sur la charia.

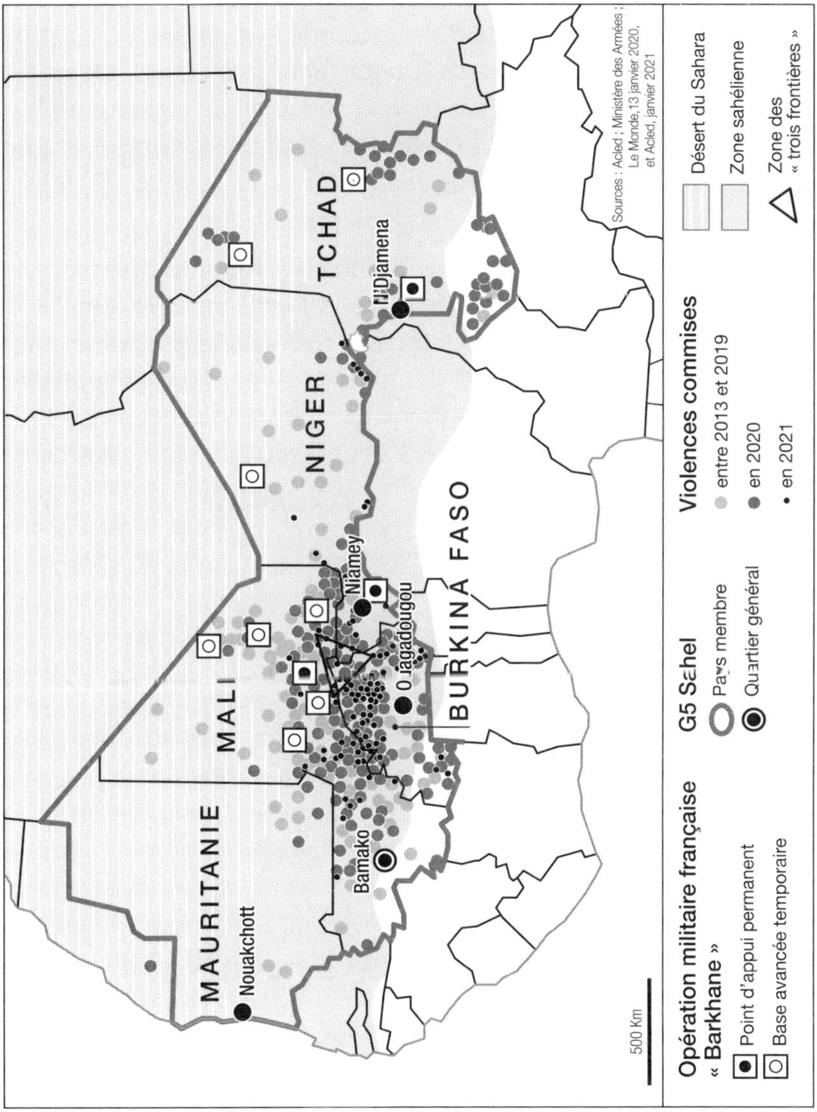

Le terrorisme au Sahel

En octobre, l'ONU, saisie par Bamako, crée la Mission internationale de soutien au Mali (MINUSMA). En janvier 2013, lorsque des groupes djihadistes foncent sur Bamako, la France intervient militairement avec l'accord du Conseil de sécurité de l'ONU (opération Serval), pour mettre en échec l'offensive. L'opération est un succès et permet de repousser les forces djihadistes vers le Nord. La France met en place, à compter d'août 2014, l'opération Barkhane pour contrer la menace djihadiste dans l'ensemble de la région sahélienne.

Le 11 août 2013, Ibrahim Boubakar Keïta (IBK) est élu président avec 78 % des suffrages. Il est réélu en 2018 avec 67 % des voix. À l'été 2015, un accord de paix est signé à Alger entre les autorités maliennes et les différents groupes séparatistes, mais a du mal à être mis en œuvre.

En février 2014 est créé le G5 Sahel avec le Mali, le Niger, le Burkina Faso, la Mauritanie et le Tchad, le djihadisme constituant une menace pour l'ensemble de la zone Sahel, trop vaste pour être contrôlée par cette force créée en 2017 et composée de 5 000 hommes sous-équipés. Les groupes islamistes, mais aussi criminels, s'y installent facilement.

Mais l'absence de structures étatiques réelles (école, justice, sécurité), notamment au Nord, laisse prospérer affrontements ethniques, groupes séparatistes et trafics en tout genre. À côté des groupes djihadistes militants, des milices combattantes se créent, attirant des jeunes en quête d'un statut ou tout simplement de ressources.

La présence française – accueillie dans la liesse en 2013 – commence à être critiquée par une partie de la population qui lui reproche de ne pas restaurer l'ordre. La France est prise au piège, car si elle se retire les djihadistes pourraient prendre le dessus sur une armée malienne peu performante. Mais le débat sur le futur de sa présence est posé. Emmanuel Macron annonce, en juin 2021, la fin de l'opération française dans sa forme actuelle.

Le Burkina Faso, le Mali ou encore le Niger subissent régulièrement des attaques terroristes. La zone dite des « trois frontières » entre les trois pays est le lieu de prédilection de ces groupes. Environ 4 000 personnes ont été victimes des attaques en 2019, et un million de personnes ont été déplacées dans ces trois pays.

La situation semble ne pas devoir s'améliorer rapidement. Chacun a conscience que la réponse militaire ne suffit pas, mais elle est indispensable pour ne pas voir la situation sécuritaire se dégrader. Elle mobilise cependant les ressources (25 % du budget du Mali) des pays en question qui, par conséquent, ne peuvent les affecter à l'éducation, aux besoins sociaux, etc. La forte natalité fait qu'il est facile pour les groupes armés de recruter parmi les jeunes désœuvrés.

Le Mali connaît deux coups d'État militaires en août 2020 et mai 2021, qui tendent les relations avec la France. La junte demande le départ des troupes françaises du territoire malien en février 2022. Le Burkina Faso connaît également un coup d'État militaire début 2022. Au Mali comme au Burkina Faso, ces coups d'État bénéficient d'un important soutien populaire, les populations jugeant les anciens régimes corrompus et inefficaces face à la situation sécuritaire.

La junte malienne passe un accord sécuritaire avec la force paramilitaire russe Wagner.

Boko Haram au Nigeria

Au sud du Sahel, dans le nord du Nigeria, le groupe Boko Haram, qui a prêté allégeance au groupe État islamique en 2015, continue ses attaques et son insurrection. Il est combattu par les armées nationales, qui commettent parfois des exactions les rendant impopulaires. Élu en 2015 et réélu en 2019, le président du Nigeria Muhammadu Buhari veut s'attaquer à la corruption et mettre fin au « tout militaire » pour lutter contre Boko Haram.

L'armée a néanmoins repris le contrôle des principales villes et de quelques villages de l'État de Borno, au nord-est du pays. Bien qu'affaibli, Boko Haram ne cesse de sévir : entre 2009 et 2019, son insurrection a fait plus de 27 000 morts et 2,6 millions de déplacés.

Depuis 2016, quatre armées et une force multinationale mixte des pays riverains du lac Tchad, comptant officiellement 7 500 hommes, sont engagées contre Boko Haram. Le groupe a perdu beaucoup de terrain, mais semble se réorganiser et parvient désormais à opérer au Cameroun.

Résumé

Si les groupes djihadistes ne sont pas en mesure de prendre le pouvoir au Mali et plus largement au Sahel, la situation sécuritaire reste défaillante, sur fond de faiblesse des structures étatiques des pays de la région.

Expliquez-moi... en vidéo !

LE SAHEL

https://www.editions-eyrolles.com/go/geopolitique09

CHAPITRE 16

L'ARMÉNIE ET L'AZERBAÏDJAN

Le conflit entre l'Arménie et l'Azerbaïdjan est le fruit d'un lointain héritage de l'époque stalinienne et de la confrontation entre deux principes légitimes et parfois contradictoires : le droit des peuples à disposer d'eux-mêmes et le respect de l'intégrité territoriale des États.

Le Haut-Karabakh, majoritairement peuplé d'Arméniens, est rattaché dans le cadre des frontières internes de l'Union soviétique à l'Azerbaïdjan musulman en 1921 par Staline. Il s'agit d'une enclave entièrement située en Azerbaïdjan. Staline, en tant que commissaire du peuple aux Nationalités, applique le principe « diviser pour mieux régner ». Les Arméniens avaient critiqué le communisme et Staline souhaitait par cette décision envoyer un message positif à la Turquie voisine. En 1923, il va faire du Haut-Karabakh un territoire autonome au sein de la République d'Azerbaïdjan.

En juillet 1988, dans le cadre de l'Union soviétique, les députés arméniens du Haut-Karabakh demandent que le territoire soit rattaché à l'Arménie.

La dissolution de l'Union soviétique en décembre 1991 donne lieu à la naissance de 15 États, qui vont être admis à l'ONU, dont l'Arménie et l'Azerbaïdjan.

Le Haut-Karabakh proclame son indépendance, refusée par l'Azerbaïdjan qui envoie l'armée et soumet le territoire à un blocus. Des massacres sont commis. L'armée arménienne intervient et prend le contrôle du territoire en 1994, dont la bande séparant le territoire arménien du Haut-Karabakh. La prise de contrôle du territoire par l'Arménie a fait fuir de nombreux Azéris. C'est 20 % de son territoire dont Bakou est privé. La communauté internationale ne reconnaît pas cette annexion, mais ne prend pas de sanctions contre l'Arménie, mettant en avant le principe de négociation entre les protagonistes.

Un groupe de contacts se met en place à partir de 1992 dans le cadre de l'Organisation sur la sécurité et la coopération en Europe (OSCE). Il s'agit du groupe de Minsk composé de la Russie, des États-Unis et de la France. Les points de vue de l'Arménie et de l'Azerbaïdjan sont irréconciliables. L'Arménie met en avant le droit des peuples à disposer d'eux-mêmes tandis que l'Azerbaïdjan se base sur le respect de l'intégrité territoriale.

La Russie s'est rapprochée de l'Arménie, la Turquie soutenant l'Azerbaïdjan. À partir du XXIe siècle, le rapport de force va changer entre les deux pays. L'Azerbaïdjan, bénéficiant d'une rente pétrolière importante, va renforcer son armée notamment par la fourniture d'armes en provenance d'Israël (4 à 5 milliards de dollars d'armes au cours des dernières années) et de Turquie. L'Iran, bien qu'à majorité chiite et donc musulmane, est plutôt proche de l'Arménie, car Téhéran craint une sécession des Iraniens d'origine azérie.

En avril 2016, l'Azerbaïdjan reconquiert une petite partie du territoire. Un cessez-le-feu est rapidement trouvé.

En 2018, les Arméniens, lassés de la corruption de l'équipe dirigeante, votent pour Nikol Pashinyan qui dit vouloir prendre des distances avec Moscou.

À l'automne 2020, l'armée azérie qui s'est considérablement renforcée, soutenue par la Turquie, lance une vaste opération militaire pour reconquérir le Haut-Karabakh. Elle n'hésite pas à bombarder des populations civiles pour faire fuir les Arméniens. L'armée arménienne est rapidement battue.

Moscou, bien que liée par un traité d'assistance militaire avec l'Arménie, n'est pas intervenue, indiquant que ce traité ne concerne que le territoire même de l'Arménie et non le Haut-Karabakh. L'affaiblissement de l'Arménie satisfait Vladimir Poutine, car elle renforce la dépendance de ce pays à l'égard de la Russie. La Turquie a fourni non seulement des armes à l'Azerbaïdjan, mais aussi des mercenaires venus de Syrie. Ankara y voit un moyen d'élargir son influence dans la région. Elle n'a pas de relations diplomatiques avec l'Arménie, le génocide de 1914 et sa non-reconnaissance constituent toujours un obstacle de taille. La Turquie tient tête à la Russie. Enfin, alors qu'elles entretiennent des relations exécrables, Ankara et Tel-Aviv sont ici du même côté.

Un cessez-le-feu défavorable à l'Arménie est mis en place sous l'égide de la Russie, qui en profite pour réaffirmer son rôle majeur dans son « étranger proche ». De nombreux Arméniens ont fui le Haut-Karabakh, dont l'Azerbaïdjan a repris fermement le contrôle.

Les États-Unis dirigés par Donald Trump se désintéressent du dossier. L'Azerbaïdjan a certainement vu dans le désintérêt américain pour les affaires de la région une opportunité pour lancer son offensive sans grand risque. La France, proche de l'Arménie, n'a pas la capacité d'intervenir. Cette défaite militaire, la perte du territoire et l'exode qui s'est ensuivi ont créé un profond traumatisme en Arménie, conduisant à une contestation du gouvernement. L'Arménie s'est sentie abandonnée malgré une mobilisation de l'importante diaspora arménienne à l'étranger.

Les tensions restent fortes entre les deux pays. Des affrontements sporadiques ont lieu en 2021. Le conflit reprend plus vivement en septembre 2022, Bakou et Erevan s'accusant mutuellement d'être à l'origine de provocations. Le bilan de cet épisode s'élève à près de 300 morts.

Résumé

Le Haut-Karabakh, peuplé d'Arméniens mais situé en Azerbaïdjan lors de l'indépendance des deux pays, fait l'objet de revendications antagonistes.

PARTIE 4

LES 10 TENDANCES STRUCTURELLES

CHAPITRE 1

LA FIN DE L'HYPERPUISSANCE AMÉRICAINE

Après avoir dominé le monde dans la seconde moitié du XXe siècle, les États-Unis sont confrontés à la montée en puissance de leurs concurrents et à la multipolarisation du monde.

Les États-Unis sont devenus la première puissance économique mondiale à la fin du XIXe siècle. Pour autant, ils n'étaient pas encore la première puissance stratégique, rôle que tenait encore la Grande-Bretagne grâce à son empire colonial et à sa domination des mers. L'intervention américaine fut décisive pour la victoire lors de la Première Guerre mondiale. Mais le courant isolationniste était encore trop fort pour que les États-Unis participent à l'organisation de l'ordre mondial, une fois la paix obtenue. L'attaque japonaise sur Pearl Harbor, le 7 décembre 1941, montra les limites de l'isolationnisme et les plongea dans la Seconde Guerre mondiale.

Ce fut le seul pays qui, grâce à sa situation géographique, sortit de la guerre plus puissant qu'il n'y était entré. Le territoire des États-Unis était protégé des attaques ennemies par deux océans, à l'est et à l'ouest. Au nord et au sud, ils partageaient leurs frontières avec des pays amis. Ils n'ont donc pas subi les bombardements qui ont dévasté le territoire des autres pays protagonistes de la guerre. Les populations civiles avaient été ainsi également épargnées. Les pertes humaines des États-Unis étaient bien inférieures proportionnellement à celles des autres pays grâce à cette sanctuarisation de leur territoire. Le potentiel industriel avait non seulement été épargné, mais il avait été stimulé par l'effort de guerre et la destruction de celui des autres pays. À l'issue du conflit, leur production de charbon était égale à la moitié de la production mondiale et celle du pétrole aux deux tiers.

Vite confrontés à la menace soviétique, ils vont, selon l'expression de Truman, prendre « la tête du monde libre » ; ils sont de façon incontestée la première puissance du monde.

Cette puissance est multiforme. D'abord stratégique. Même si les États-Unis vont rapidement perdre le monopole de l'arme nucléaire, ils seront toujours en tête de la course aux armements, notamment d'un point de vue qualitatif. L'Union soviétique ne connaîtra qu'un bref moment la parité stratégique avec les États-Unis, du début des années 1970 (le traité SALT1 qui consacre cette parité est signé le 26 mai 1972). Au début des années 1980, les États-Unis vont de nouveau se distinguer par leur avance technologique. Ensuite économique. Le PIB américain est le premier PIB mondial. Les États-Unis ont été à l'origine de nombreuses innovations technologiques. Enfin en matière d'influence : la capacité d'attraction de l'*American Way of Life*, la popularité de son cinéma, de ses universités, etc., sont autant d'atouts dans la compétition internationale qui lui permettent d'élargir son influence bien au-delà de son territoire et bien au-delà des territoires où son armée est présente.

La disparition de l'Union soviétique concomitante au développement des nouvelles technologies de l'information et de la communication, où les États-Unis excellent, allait leur permettre d'accroître encore leurs avances relatives. Dans les années 1990, Hubert Védrine, alors ministre des Affaires étrangères, forge le concept d'« hyperpuissance », signifiant ainsi que celui, plus ancien, de « superpuissance » ne rend plus compte de l'ampleur de la domination américaine internationale. Au même moment, le géopolitologue américain Zbigniew Brzeziński estime que les États-Unis constituent le premier empire de l'âge global, les empires précédents n'ayant été que des empires régionaux.

Le déclin américain avait été prédit plusieurs fois à tort dans le passé. Il l'avait été lorsqu'en 1957 l'URSS avait pu lancer *Spoutnik* relevant le défi de la conquête de l'espace. Il l'avait été également, à partir de la fin des années 1950, lorsque par la mise au point de missiles intercontinentaux, les Soviétiques pouvaient menacer le territoire américain, mettant fin à la sanctuarisation dont ce dernier bénéficiait depuis la naissance du pays. Il l'avait à nouveau été lors de l'enlisement de la guerre du Vietnam, puis à la fin de la convertibilité du dollar en or entre 1971 et 1973, en 1979 après l'entrée des Soviétiques en Afghanistan et le renversement du shah en Iran, et à la fin des années 1980 lorsque les industries automobile et électronique japonaises donnaient le sentiment de tailler en pièces leurs homologues américaines. À chaque fois, les États-Unis se sont relevés pour continuer à faire la course en tête.

On peut donc se demander si la nouvelle annonce d'un déclin américain ne rejoindra pas les précédentes.

Deux éléments montrent que la tendance actuelle est beaucoup plus forte structurellement que les données conjoncturelles passées. Le premier est que, dans un monde globalisé, même la première puissance mondiale n'a pas les mains libres pour agir comme elle l'entend. La diversification et la multiplication des acteurs empêchent de pouvoir fixer seul l'agenda et les règles. Le second est qu'il ne s'agit pas tant d'un déclin américain en tant que tel, mais de la montée en puissance de nombreux autres États. Il y a une multitude de pays émergents.

La croyance en l'existence de l'hyperpuissance américaine avait conduit George W. Bush à mener des politiques unilatérales, dont la guerre d'Irak en 2003 fut l'exemple le plus abouti, et qui ont accéléré l'affaiblissement relatif des États-Unis. Barack

Obama a intégré la multipolarisation du monde et la fin de la suprématie américaine. C'est pour cela qu'il répète que les États-Unis ne peuvent résoudre seuls les grands défis qui se posent au monde, mais que, sans les États-Unis, ceux-ci ne peuvent être résolus. Sa politique consiste à éviter de lancer son pays dans de nouvelles aventures militaires.

Son successeur, Donald Trump, a implicitement reconnu le déclin de son pays par son slogan de campagne : « *Make America great again* ». Pour lui, les États-Unis ne peuvent imposer leur volonté que de manière brutale, aussi bien avec leurs alliés qu'avec leurs rivaux.

D. Trump développe en effet une politique de retrait – ou de menace – des principaux accords multilatéraux : UNESCO, accord de Paris sur le climat, accord de Vienne sur le nucléaire iranien, partenariat transpacifique, ALENA, etc. Sa politique peut être payante à court terme, de nombreux pays ne souhaitant pas affronter les États-Unis. Mais à moyen/long terme, elle peut accélérer le déclin américain en les isolant, poussant les autres nations à se fédérer contre l'*imperium* américain, en mettant en cause le rôle du dollar comme monnaie internationale ou en voulant imposer des sanctions extraterritoriales aux pays qui l'utilisent.

Joe Biden veut restaurer un leadership américain plus consensuel, en rétablissant les liens abîmés avec les alliés européens et asiatiques et en réintroduisant les États-Unis dans le jeu multilatéral. Mais le retrait américain d'Afghanistan à l'été 2021, décidé dans l'urgence sans consultation des alliés européens – qui se solde par une véritable débâcle – ainsi que la rupture du contrat des sous-marins australiens (entre Paris et Canberra), décidée avec Washington dans le cadre d'une alliance plus large entre l'Australie, le Royaume-Uni et les États-Unis (AUKUS), témoignent de la primauté des intérêts américains sur toute démarche multilatérale dans la mise en œuvre de la politique étrangère américaine. L'agression russe contre l'Ukraine en février 2022 vient renforcer la cohésion occidentale et faire apparaître comme plus nécessaire que jamais la présence militaire américaine en Europe.

En résumé

> Les États-Unis ont pris le leadership mondial au sortir de la guerre froide, avant d'entrer en concurrence avec l'Union soviétique. L'effondrement de cette dernière crée l'illusion de l'émergence d'un monde unipolaire, dominé par les seuls États-Unis. Mais la mondialisation et l'émergence d'autres puissances, ainsi que la diversification des formes de la puissance, va faire voler en éclats cette théorie.

CHAPITRE 2

LA FIN DU MONOPOLE OCCIDENTAL DE LA PUISSANCE

Le monde occidental a perdu le monopole de la puissance dont il bénéficiait depuis cinq siècles.

Entre le ve et le xe siècle, l'Europe a été le lieu de passage de nombreuses invasions ou migrations. Elle connaît une première expansion avec les croisades en Orient de 1095 à 1291.

À partir de la fin du xve siècle par ce que l'on a appelé « les grandes découvertes », l'Europe se lance à la conquête du monde. La soif de l'or et des épices la met en contact avec d'autres civilisations, qu'elle détruit par les combats et les maladies contagieuses ou réduit au servage. Le xixe siècle va connaître une nouvelle expansion européenne, à la fois territoriale et technologique (bateaux à vapeur, chemins de fer, télégraphe). Si les États-Unis, puis l'Amérique latine, obtiennent leur indépendance, ils restent culturellement proches des Européens. En Amérique latine, les pouvoirs sont blancs, Indiens et métis n'ayant pas accès aux responsabilités. Aux États-Unis, la ségrégation va se substituer à l'esclavage. Les WASP (*White Anglo-Saxons Protestant*) ont le monopole du pouvoir politique et économique.

Cette domination européenne est en grande partie due à l'émulation que suscitent la concurrence et la fragmentation politique du continent. Jusqu'au début du xixe siècle, la Chine représentait un tiers du PIB mondial. Mais le pouvoir est centralisé. Lorsque, au xve siècle l'empereur chinois décide que les marins ne s'aventureront plus outre-mer pour des découvertes ou conquêtes, il n'est pas possible d'échapper à son autorité. En Europe, si le roi du Portugal refuse à Christophe Colomb les moyens de son expédition, ce dernier s'adressera au souverain espagnol.

La conquête du monde s'est faite avec des moyens militaires initialement relativement faibles. Les guerres intra-européennes vont amener les pays du Vieux Continent à moderniser sans cesse leurs équipements et à bénéficier d'une solide avance.

1905 constitue, si ce n'est un tournant, du moins un signal : le Japon obtient une victoire militaire aux dépens de la Russie. C'est la première défaite d'un pays « blanc » contre un autre État dans une guerre.

À la veille de la Première Guerre mondiale, Français et Britanniques sont tous deux à la tête d'un empire global. Belges, Portugais, Espagnols, Allemands et Néerlandais disposent également de possessions coloniales. Les Européens dominent le monde qu'ils se sont partagés au nom de leur *« mission civilisatrice »*.

Mais la concurrence, qui fut la force de l'Europe, va constituer sa perte. Elle la conduit à la Première Guerre mondiale. Elle va, économiquement et démographiquement, affaiblir l'Europe. La Seconde Guerre mondiale sera la fin définitive de la domination européenne du monde. Vainqueurs et vaincus sont réunis dans la ruine, dominés et protégés à la fois par les États-Unis et l'Union soviétique. L'Europe n'est plus le centre du monde, mais l'enjeu de la compétition soviéto-américaine. Les empires coloniaux sont ébranlés et vont rapidement s'effondrer. Les États-Unis prennent cependant le relais du leadership international, toujours exercé au nom du monde occidental. La concurrence soviétique existe, mais n'est pas de nature à renverser cette suprématie.

La politique de D. Trump, traitant les alliés européens de l'OTAN comme des vassaux, contribue à affaiblir la cohésion du « monde occidental ». Joe Biden veut restaurer un climat de confiance, mais, malgré le changement de ton de l'administration américaine, le retrait d'Afghanistan décidé unilatéralement et l'affaire des sous-marins australiens, six mois après son arrivée à Washington, ne permettent pas ce retour à la confiance.

Si la mondialisation des années 1990 a été vue comme une américanisation de la planète, de même que celle du XVIe siècle avait été vue comme son européanisation, les choses vont rapidement changer. Poussée démographique de l'Afrique, poussée économique de l'Asie, poussée stratégique du monde musulman, les remises en cause de la domination occidentale sont nombreuses. Les pays émergents ne peuvent être résumés aux seuls BRICS (Brésil, Russie, Inde, Chine, Afrique du Sud). Cette catégorie contient des dizaines de pays non occidentaux.

Ces derniers ne demandent pas la permission aux pays occidentaux de se développer ; ils le font par eux-mêmes. Ils n'acceptent plus que le monde occidental fixe seul, au nom de l'intérêt commun ou de l'universalité de ses valeurs, l'agenda et les règles internationales. Le monde occidental, habitué à diriger la manœuvre depuis cinq siècles, connaît donc une profonde remise en cause et doit faire face à une situation inconnue depuis des dizaines de générations.

La guerre en Ukraine atteste également du phénomène. Le monde occidental n'est pas suivi par le reste du monde dans les sanctions qu'il proclame à l'encontre de la Russie, ce qui témoigne de son relatif isolement sur la scène internationale et d'une défiance à son égard.

En résumé

> **Grâce aux grandes découvertes et aux révolutions techniques, mais aussi poussées par leurs rivalités, les puissances européennes ont dominé le monde. Les deux guerres mondiales les ont affaiblies mais les États-Unis ont pris le relais. L'émergence d'autres puissances provoque la fin de la suprématie absolue du monde occidental. La pandémie de Covid-19, qui les a surpris et gravement touchés, a contribué à dissiper l'idée d'une supériorité des pays occidentaux. La guerre en Ukraine souligne leur isolement.**

CHAPITRE 3

LES ÉTATS-UNIS BASCULENT VERS LE PACIFIQUE

Les États-Unis, longtemps tournés vers l'Atlantique, voient leurs intérêts se situer désormais sur les rives du Pacifique.

Depuis leur accession à l'indépendance à la seconde moitié du XVIIIe siècle, les États-Unis ont été repliés sur eux-mêmes et les deux sous-continents américains. À l'issue de la Seconde Guerre mondiale, pour relever le défi soviétique, ils ont mis fin à leur isolationnisme, pris en charge la défense de l'Europe occidentale et sont entrés pour la première fois dans une alliance militaire en temps de paix : l'Alliance atlantique. Si le caractère mondial de la compétition avec l'URSS les a amenés à conclure des traités militaires dans la plupart des régions du monde (« la pactomanie »), c'est bien en Europe qu'était situé l'enjeu essentiel. Au début des années 1980, avec l'accession au pouvoir de Ronald Reagan, ancien gouverneur de Californie, on a commencé à parler d'un « basculement des États-Unis vers le Pacifique ». Selon cette analyse, le centre du monde, après avoir été situé en Méditerranée puis dans l'Atlantique, se trouvait désormais dans l'océan Pacifique. La montée en puissance du Japon et le développement des « tigres » asiatiques renforçaient l'attractivité économique de la zone.

Mais le Pacifique est un océan vide et ne peut donc être le centre du monde. Ce sont plus ses façades américaine et asiatique qui lui confèrent son importance. La rivalité Est-Ouest restait par ailleurs la principale grille de lecture des relations internationales. La guerre froide terminée, avec l'essor des géants indien et chinois et le développement de l'Asie du Sud-Est, le continent asiatique allait prendre une importance inégalée. Il devrait contenir 58 % de la population mondiale et 40 % du PIB mondial en 2030.

On peut dès lors se demander si les États-Unis n'ont pas effectué ce basculement, depuis longtemps annoncé, plus de l'Europe vers l'Asie que de l'Atlantique vers le Pacifique.

Barack Obama, qui a vécu à Hawaï et en Indonésie, a créé un choc psychologique dans les pays européens lorsqu'il a refusé de se rendre au sommet Union européenne/États-Unis de mai 2010. Les pays européens, qui parfois se plaignaient d'un trop grand empressement des Américains à leur égard, craignaient un abandon, même relatif, de la part de Washington au profit de l'Asie. Dans l'état actuel des relations internationales, l'Europe n'est pour les États-Unis ni un problème ni une solution. Elle n'est pas un problème dans la mesure où les relations sont apaisées (les tensions existant à l'époque de George W. Bush ont disparu). Mais elle ne peut guère apporter une solution aux préoccupations majeures du président américain, qui vont de l'Iran au conflit israélo-palestinien et de l'Afghanistan à l'Irak.

Outre son importance démographique et économique, l'Asie est le continent où se trouve le pays qui se considère comme le principal rival actuel ou à venir des États-Unis : la Chine. La relation sino-américaine est en passe de devenir la relation bilatérale la plus importante pour Washington, teintée de rivalités stratégiques, de coopération et de compétition économique. Au-delà des anciennes alliances entretenues avec le Japon et la Corée du Sud, les États-Unis sont tentés de créer une alliance avec l'Inde. Elle est facilitée par la comparaison possible faite entre les deux régimes politiques (les plus grandes démocraties du monde) ainsi que par l'existence d'une solide minorité indienne établie aux États-Unis, servant de pont entre les deux pays. Pour l'Inde, l'alliance avec Washington est le moyen d'accélérer sa reconnaissance comme sixième – voire cinquième – puissance mondiale. Pour les États-Unis, l'alliance avec l'Inde joue un rôle équivalent par rapport au rival chinois à ce qu'avait été le rapprochement sino-américain vis-à-vis du rival soviétique. Les États-Unis se sont engagés à aider l'Inde à obtenir un siège permanent au Conseil de sécurité des Nations unies. Mais le besoin de conserver de bonnes relations avec le Pakistan notamment, en ayant en tête l'importance de ce pays pour régler la question afghane, constitue une pomme de discorde entre New Delhi et Washington.

L'Indonésie est également un élément important. C'est le pays musulman le plus peuplé du monde. C'est également un pays émergent du Sud où la démocratie est consolidée. C'est enfin le pays qui se vit comme l'héritier du tiers-mondisme, des principes de la conférence de Bandung de 1955 et du droit des peuples à disposer d'eux-mêmes. L'Indonésie est courtisée à la fois par la Chine et les États-Unis et peut rester indépendante à l'égard des deux.

En 2012, Barack Obama définissait la politique du « pivot asiatique » indiquant le basculement des États-Unis, confrontés au défi chinois, vers l'Asie au détriment d'une Europe qui n'est plus un enjeu stratégique et du Proche-Orient où les déconvenues sont trop nombreuses. Mais les États-Unis, puissance globale, ne peuvent, en fait, délaisser aucun continent. D. Trump, soucieux de se démarquer radicalement de B. Obama, enterrera tout de même la stratégie du « pivot asiatique ». Il a notamment retiré son pays du TPP (accord de partenariat transpacifique), laissant la voie libre à la Chine.

Les derniers essais balistiques et nucléaires nord-coréens permettent à Donald Trump de renforcer sa présence dans la région et de se rapprocher d'un Japon en phase de réarmement.

Le grand duel à venir est la rivalité pour le leadership mondial avec la Chine.

Mais il demeure imprévisible, tant pour ses alliés européens qu'asiatiques, maltraitant autant les uns que les autres. S'il y a un pivot avec Donald Trump, c'est sur l'Amérique elle-même. Joe Biden va restaurer les liens avec les pays asiatiques pour créer une coalition afin d'endiguer la montée en puissance de la Chine. Le QUAD réunit, dans cette optique, autour des États-Unis, l'Australie, le Japon et l'Inde. Il cherche également à entraîner ses alliés européens dans son duel face à la Chine. En 2021, il met en place l'alliance AUKUS avec l'Australie et le Royaume-Uni, dans une claire politique d'endiguement de la Chine. L'OTAN désigne également la Chine comme l'une de ses priorités stratégiques, pourtant éloignée de son espace traditionnel d'action.

La guerre en Russie, bien qu'elle remette l'Europe à une place de choix sur l'agenda stratégique américain, ne relègue pas pour autant l'Asie au second plan. La guerre donne à Joe Biden l'occasion de resserrer les rangs avec les Européens. Il cherche ainsi à constituer une « alliance des démocraties » face à l'axe des « régimes autoritaires » chinois et russe.

En résumé

Leurs origines puis la rivalité avec l'URSS conduisent les États-Unis à se tourner principalement vers l'Atlantique. La fin de la guerre froide et la montée en puissance des pays asiatiques les font se tourner vers le Pacifique.

CHAPITRE 4

LA PROLIFÉRATION ÉTATIQUE

Depuis 1945, le nombre d'États a quadruplé. Le mouvement se poursuit au point que l'on peut parler de « prolifération étatique ».

La prolifération nucléaire des armes de destruction massive est considérée depuis plusieurs décennies comme une des menaces majeures pour la sécurité internationale. L'augmentation du nombre d'États possédant l'arme nucléaire, depuis son apparition, est cependant relativement lente (huit États ont rejoint les États-Unis depuis 1945) et extrêmement contrôlée (le régime de non-prolifération constitue une barrière difficilement franchissable).

Il est une autre augmentation plus forte, que rien ne paraît pouvoir maîtriser, celle du nombre d'États.

Il y avait une cinquantaine d'États à la création de l'ONU en 1945. L'organisation compte désormais 193 membres. Le nombre d'États ou d'entités politiques avait été fortement réduit au XIXe siècle, notamment du fait des unifications allemande et italienne. Au XXe siècle, la dissolution des empires austro-hongrois et ottoman, après la Première Guerre mondiale, et le processus de décolonisation, à la suite de la Seconde, avaient accru le nombre d'États au nom des indépendances nationales et du droit des peuples à disposer d'eux-mêmes.

La fin du clivage Est-Ouest a suscité une troisième vague, par la dissolution des empires multinationaux soviétique et yougoslave. Dans les deux exemples, on voit qu'outre l'affirmation de l'identité nationale, ce sont plutôt des raisons économiques qui ont provoqué le sécessionnisme. Dans l'ex-Union soviétique, les États slaves (Russie, Ukraine et Biélorussie) ont pensé que leur développement économique serait plus facilement assuré s'ils se débarrassaient du poids des États périphériques d'Asie centrale. Les différences nationales existaient en Yougoslavie, mais ce qui a dynamité en premier la fédération, c'est la volonté de la petite Slovénie d'obtenir son indépendance parce qu'elle avait le PIB par tête le plus important de la fédération et qu'elle pensait, à juste titre, qu'elle intégrerait plus facilement l'Union européenne (UE) en étant indépendante, et accélérerait par là son développement économique. Au sein des États membres de l'UE, ce sont généralement les régions les plus riches (Flamands en Belgique, Padanie en Italie, Catalogne en Espagne) qui revendiquent l'autonomie ou l'indépendance. Leur identité nationale et leurs droits culturels ne sont pourtant pas bafoués mais c'est bien la répartition de la richesse qui fait la différence. De même, si le front de libération de l'enclave du Cabinda réclame son indépendance vis-à-vis de l'Angola, c'est parce que cette région concentre une grande partie de la production pétrolière de la nation. En Bolivie, la région qui concentre la richesse minière du pays a également des velléités sécessionnistes. La motivation du Sud-Soudan à obtenir son indépendance, au-delà des différences religieuses, s'explique par le fait que c'est sur son territoire que se situe la majeure partie des réserves du pays en pétrole. La volonté sécessionniste est souvent issue d'une volonté de ne pas partager ses richesses. Les États – ou se revendiquant comme tels – sont convaincus que la prospérité est plus facile à atteindre au sein d'une entité réduite, que perdue dans un ensemble plus vaste. Parfois, la majorité cherche à se débarrasser d'une minorité jugée improductive ; dans d'autres cas la minorité espère améliorer son sort en obtenant l'indépendance de la majorité.

Ces zones richement dotées de ressources naturelles, ou plus développées, perçoivent l'intérêt économique de la sécession, revendiquant la possession des ressources ou des richesses au détriment du reste du pays. Les responsables politiques, pour leur part, préfèrent être à la tête de petits pays riches que responsables d'un grand pays pauvre.

Poussé à son extrême logique, le mouvement de sécession pourrait conduire à un émiettement du monde qui risque de le rendre encore plus difficilement gérable. Il peut déboucher sur la création d'États artificiels ou non viables, constituant autant de zones grises propices à la déstabilisation. Ce risque de prolifération vient d'une dilution du sentiment de solidarité. La sécession a un effet multiplicateur. Il n'est pas problématique d'être Serbe en Croatie sous le toit commun yougoslave, mais si la Croatie devient indépendante, les Serbes vont vouloir obtenir également ce statut. Des tendances sécessionnistes ont à leur tour été suscitées dans la plupart des républiques issues de l'ancienne Union soviétique. Aujourd'hui, le phénomène sécessionniste joue sur tous les continents.

Le divorce de velours entre les Tchèques et les Slovaques constitue l'exception. De l'ex-Yougoslavie au Soudan du Sud, les sécessions ont généralement débouché sur des catastrophes. La sécession de ce dernier, loin d'amener la paix et la prospérité à ce pays riche en pétrole, a rapidement débouché sur une guerre civile aux conséquences dramatiques. Les tendances sécessionnistes se traduisent souvent par des conflits, le centre n'admettant pas l'autonomie de la périphérie et réagissant par la force.

La plupart des guerres sont des guerres civiles, infra-étatiques. La grande majorité de ces conflits est motivée par des tendances sécessionnistes. Les guerres, autrefois de conquêtes, sont désormais principalement des guerres de sécession.

Le mouvement sécessionniste peut également viser à conserver la rente constituée par les matières premières situées sur une partie du territoire. On l'isole de fait ou de droit pour en préserver le contrôle.

Après le Brexit, le Royaume-Uni est menacé par la volonté de l'Écosse de devenir indépendante, afin de demeurer dans l'UE. Et la volonté d'indépendance de la Catalogne continue de peser sur l'Espagne.

En résumé

> **Si la prolifération des armes nucléaires a été relativement contenue, l'augmentation très forte du nombre d'États et la poussée des mouvements sécessionnistes permettent de parler de prolifération étatique. Les sécessions sont principalement motivées par des raisons économiques et peuvent susciter des conflits extrêmement violents.**

CHAPITRE 5

LA CHINE, PROCHAINE PREMIÈRE PUISSANCE MONDIALE

Ayant connu une croissance à deux chiffres pendant plus de trente ans, la Chine – malgré un relatif ralentissement – semble promise à devenir la première puissance mondiale.

Pendant l'époque de Mao Tsé-toung, la Chine faisait peur par sa masse (plus importante population mondiale), par son régime (pratiquant l'endoctrinement à grande échelle), par ses soubresauts politiques (« Grand Bond en avant », Grande Révolution culturelle prolétarienne) et par sa remise en cause de l'ordre international qui lui faisait critiquer tout autant l'Union soviétique que les États-Unis. Pourtant, le sous-développement de son économie, le sous-équipement de son armée et les tumultes qui la traversaient l'empêchaient de pouvoir réellement peser sur les affaires mondiales. À partir de 1978, la prise de pouvoir de Deng Xiaoping et ses quatre modernisations (industrie, technologie, agriculture et défense), ainsi que l'ouverture de son économie, ont permis à la Chine de connaître une croissance aussi forte qu'ininterrompue, lui ouvrant la perspective de supplanter, au cours de ce siècle, les États-Unis comme première puissance mondiale.

Au début du XIXe siècle, la Chine représentait déjà 30 % de la population et du PIB de la planète, mais dans un monde qui n'était pas globalisé. L'Empire du Milieu refusait tout contact avec les puissances extérieures, et lorsque ces dernières imposèrent à la Chine l'ouverture, ce fut pour la mettre en coupe réglée. La Chine, divisée sur le plan interne, fut soumise et humiliée par les puissances européennes, puis agressée par le Japon au XXe siècle. Les blessures de l'Histoire expliquent le très vif attachement du pays à sa souveraineté.

Depuis trente ans, la taille de l'économie chinoise a doublé tous les huit ans. Les réserves de change de la Chine s'élèvent à 3 100 milliards de dollars en juillet 2022, soit près de trois fois supérieures à celles du Japon (1 290 milliards de dollars). La Chine produit plus de la moitié du ciment, de l'acier, du charbon, du verre et de l'aluminium mondiaux. Non seulement la croissance de la Chine est supérieure à celle des autres États, mais sa dimension, son poids font que sa croissance a des répercussions mondiales bien plus importantes que celles des autres pays. Le développement de la Chine a un impact majeur sur les quatre cinquièmes de l'humanité qui ne sont pas Chinois. À la suite de la crise de 2008, la Chine a souhaité relancer son économie en développant la demande interne pour ne pas dépendre uniquement des exportations. Elle s'est également lancée dans un gigantesque projet, baptisé « les nouvelles routes de la soie », afin de développer les infrastructures au niveau mondial et d'assurer ses approvisionnements en matières premières énergétiques.

L'accession de la Chine au premier rang mondial est-il inéluctable ? Plusieurs questions peuvent se poser : la Chine maintiendra-t-elle son unité ? Celle-ci n'est pas menacée pour des raisons techniques mais plutôt économiques, il y a un équilibre à trouver entre les zones côtières dont la croissance est extrêmement rapide et les campagnes où elle l'est moins. La Chine doit également faire face à un vieillissement et bientôt une diminution de sa population qui peut contribuer à freiner son dynamisme. Elle devrait ainsi prochainement être dépassée par l'Inde d'un point de vue démographique. Cela l'a notamment amenée à mettre fin à la politique de l'enfant unique mais sans que cela n'ait réellement d'effets sur la natalité, du fait, entre autres, du coût que représente l'éducation d'un enfant en Chine. La Chine maintiendra-t-elle son système de capitalisme d'État avec le monopole au pouvoir du Parti communiste ? Tant que le système assure la croissance économique, il y a un pacte social qui unit la population et son gouvernement. Un ralentissement trop important de la croissance économique pourrait remettre ce pacte en cause et créerait des troubles politiques. La légitimité actuelle du PCC est basée sur deux principes assez éloignés du marxisme-léninisme que sont le capitalisme – performances économiques – et le nationalisme – la Chine est respectée à l'extérieur. La Chine, consciente de la nécessité d'améliorer son image internationale, cherche également à améliorer son *soft power* en multipliant les instituts Confucius dans le monde, en lançant une chaîne internationale de télévision ou en participant au débat d'idées par le biais de think tanks.

Le dérèglement climatique est aussi un des défis majeurs auxquels la Chine est confrontée, sa croissance économique ayant été, jusqu'ici, peu respectueuse de l'environnement. Elle est désormais consciente de la nécessité de faire des efforts, notamment sous la pression de l'opinion publique chinoise (la Chine a ratifié l'accord de Paris, signé en décembre 2015). Les Chinois doivent également se soucier du développement des inégalités sociales. Doté d'un pouvoir autoritaire, le régime est stable et peut concevoir une vision à long terme du développement de son pays.

La Chine assure ne pas vouloir dominer le monde mais simplement défendre ses intérêts. Contrairement aux pays influencés par le christianisme et l'islam, qui ont développé une volonté de répandre leur vision du monde et de convertir les autres peuples à leur foi, le simple fait d'être elle-même et de devenir une puissance mondiale respectée et reconnue peut lui suffire.

Les Chinois prétendent n'avoir jamais eu aucune velléité coloniale ou territoriale, mais simplement vouloir défendre leur intégrité territoriale. C'est pourquoi la restitution de Hong Kong et de Macao, qui avaient été conquis au XIXe siècle par la Grande-Bretagne et le Portugal, a été considérée comme fermant une parenthèse douloureuse. Désormais, l'un des objectifs géopolitiques majeurs de la Chine est la réunification de Taïwan. Mais Pékin étouffe au fur et à mesure l'autonomie promise à Hong Kong selon le principe « une nation, deux systèmes », ce qui a quasiment réduit à néant l'adhésion des Taïwanais à une potentielle réunification.

En 2011, le PIB chinois a dépassé le PIB japonais. En 2013, la Chine est devenue la première puissance commerciale mondiale (importations et exportations), devant les États-Unis. La question n'est plus de savoir *si* le PIB chinois dépassera le PIB américain en termes réels (il le fait en parité de pouvoir d'achat depuis 2015), mais *quand* cela surviendra probablement au cours de la prochaine décennie. Le PIB chinois représentait 10 % du PIB américain en 2001, année de l'adhésion de la Chine à l'OMC. Il en représente désormais 75 %.

Le président Xi Jinping s'écarte de la politique de modestie stratégique mise en place par Deng Xiaoping et n'hésite pas à affirmer haut et fort sa volonté de puissance. Cette dernière inquiète nombre de ses voisins et au-delà…

En résumé

Après avoir longtemps stagné économiquement sous Mao Tsé-toung, la Chine bénéficie, depuis le début des années 1980, d'une croissance exceptionnelle due à l'ouverture du pays aux capitaux étrangers. Elle est en passe de devenir la première puissance mondiale. Les Chinois affirment que leur développement est purement pacifique, mais leur poids ne peut que bouleverser les équilibres mondiaux. Déstabilisée initialement par la crise du Covid-19, la Chine l'a ensuite utilisée en voulant démontrer la supériorité de son régime et se forger l'image d'un pays prêt à aider les autres, contrairement aux États-Unis.

CHAPITRE 6

LA MONTÉE EN PUISSANCE DE L'OPINION PUBLIQUE

> « *Pour la première fois de l'histoire du monde, l'ensemble de l'humanité est politiquement active.* »

Cette formule de Zbigniew Brzeziński rend compte de l'une des plus formidables mutations structurelles des relations internationales.

Du temps de Louis XIII, Richelieu faisait seul – et avec succès – la politique étrangère de la France. Par la suite, y compris sous les monarchies absolues de Louis XIV et de Louis XV, si le roi et ses ministres décidaient seuls des grandes affaires de l'État, ils faisaient néanmoins un minimum attention à ce que la population pouvait penser et/ou supporter, notamment par rapport au poids des guerres. Le poids de l'opinion s'est évidemment renforcé avec la Révolution française. La constitution d'armées nationales rendait encore plus nécessaire l'adhésion des opinions. Le développement des moyens d'information va susciter un regain d'intérêt pour ce qui se passe à l'extérieur des frontières. Lorsqu'il intervient en Italie, Napoléon III, tout empereur qu'il est, doit tenir compte du soutien des catholiques au pape et d'une autre partie de l'opinion à l'unité italienne.

À la fin du XIXe siècle, on se mobilise en Europe pour le sort des chrétiens du Liban, pour l'indépendance des Grecs et des Serbes par rapport à l'Empire ottoman.

La Première Guerre mondiale fut l'occasion d'une vaste mobilisation populaire et patriotique plus prompte à faire de la surenchère guerrière qu'à tempérer les ardeurs. Son caractère extrêmement violent suscita un fort courant pacifiste par la suite. La guerre froide fut avant tout une guerre de propagande et donc une bataille pour l'opinion, que l'on défende le socialisme en dénonçant l'exploitation capitaliste, ou la démocratie en critiquant la dictature communiste.

Le développement des nouvelles technologies de l'information et de la communication marque une nouvelle étape avec des moyens d'information et de communication décentralisés et individualisés.

L'opinion publique pèse de son poids, évidemment dans les démocraties, mais également dans les régimes autoritaires. Mis à part la Corée du Nord (et sans doute l'Érythrée), aucun régime ne peut se maintenir uniquement par la force et il est donc indispensable, si ce n'est d'avoir un soutien populaire, du moins de ne pas susciter un trop fort rejet. Le contrôle des moyens d'information par un régime n'est plus possible. À travers Internet, les sociétés civiles s'informent par elles-mêmes, échangent et se mobilisent. Les gouvernements ont perdu le monopole de l'information qu'ils détenaient auparavant. L'image étant devenue un élément important de la puissance, la bataille pour l'opinion en est réévaluée. L'immense supériorité militaire des Américains en Irak ou en Afghanistan n'est que d'un faible secours par rapport au rejet que suscite, dans une partie des opinions irakienne et afghane, leur présence militaire assimilée à une occupation. Il en est de même pour la France au Mali. Tout gouvernement doit se battre sur deux niveaux : convaincre tout d'abord sa propre opinion qu'il mène une politique conforme à l'intérêt national, et ensuite l'opinion des autres pays que son action est compatible avec l'intérêt général. Les deux ne le sont pas toujours et, s'il doit faire un choix, un gouvernement jouera toujours la carte du soutien intérieur par rapport à l'approbation extérieure. Mais la réprobation internationale a un prix. L'impopularité de la politique extérieure des États-Unis durant les deux mandats de George W. Bush a débouché sur une très forte dégradation de leur image et un affaiblissement relatif de leurs positions. Il en a été de même avec Donald Trump.

L'actuel gouvernement israélien jouit d'un large soutien national concernant sa politique relative aux territoires palestiniens et n'a pas de crainte à avoir d'un point de vue militaire vis-à-vis des Palestiniens. Pour autant, la politique qu'il mène à l'encontre de ces derniers entrave fortement sa popularité internationale. Même des régimes qui ne sont pas des démocraties au sens classique, comme la Russie ou la Chine, se soucient de l'image que peut avoir leur politique au niveau international. Malgré leur dénégation, ils tiennent compte à leur manière des mouvements d'opinion publique.

Partout dans le monde, grâce aux nouvelles technologies de l'information et de la communication, les citoyens sont autant émetteurs que récepteurs d'opinion. À des degrés divers, des sociétés civiles se développent sur l'ensemble de la planète. Les mouvements #metoo à partir de 2017 suite à l'affaire Weinstein, et Black Lives Matter – relancé après l'assassinat de George Floyd en 2020 –, partis des États-Unis, se sont diffusés à l'échelle planétaire. Les révoltes populaires qui se sont multipliées en 2019 (Algérie, Liban, Soudan, Chili, Irak, Iran, Hong Kong) démontrent la capacité de mobilisation que créent les réseaux sociaux. Interrompus par la pandémie de Covid-19, ils devraient reprendre leur cours.

En résumé

Autrefois absente des processus de décision en politique internationale, l'opinion publique a vu son poids sans cesse renforcé. Elle joue désormais un rôle considérable, non seulement dans les démocraties mais également dans les autres régimes.

CHAPITRE 7

LE *SOFT POWER*

Le pouvoir d'influencer est un instrument de puissance plus efficace que celui de contraindre.

Jo Nye a été le doyen de la Kennedy School of Government de l'université de Harvard, président du National Intelligence Council et secrétaire adjoint à la Défense du président Clinton. Il définit la puissance comme la capacité d'obtenir un résultat donné et si possible d'altérer dans ce sens le comportement des autres. Il recense les éléments classiques de la puissance : population, territoire, puissance économique et force militaire qui doivent cependant être intelligemment utilisés.

La puissance, historiquement manifestée militairement, par la guerre et la conquête, a aujourd'hui pris des formes plus complexes. Nye reconnaît que la puissance militaire procure aux États-Unis des avantages au Proche-Orient et en Asie, les formes classiques de la puissance permettant d'édicter des règles du jeu favorables : le classique *hard power* ou puissance dure. Nye admet que le *hard power* américain décline relativement face à ses rivaux. Pour autant, les États-Unis disposent d'un atout incomparable : le *soft power* (ou puissance douce) qui est une forme indirecte, mais extrêmement efficace, d'exercice de la puissance. C'est le pouvoir d'influence, la capacité d'attraction dont peut bénéficier un pays. Pour les États-Unis, les valeurs de liberté et de prospérité, de sociétés ouvertes, de mobilité sociale sont extrêmement attrayantes en dehors du territoire américain. Des universités américaines attirent une grande partie des élites mondiales qui reviendront chez eux avec des *a priori* favorables aux États-Unis. La suprématie américaine dans la culture de masse confère également aux États-Unis des avantages certains.

Hollywood fabrique certes du rêve, mais aussi de l'influence, par l'exportation mondiale de standards culturels, d'autant plus efficaces que leur diffusion passe par l'adhésion volontaire de spectateurs et non par la contrainte. Nye prend comme autre exemple les pays scandinaves dont l'engagement dans des politiques d'aide au développement, ou leur implication dans des forces de maintien de la paix, leur procure un prestige et une popularité supérieurs à leur potentiel militaire ou économique.

Le *soft power* permet d'exercer une influence politique, de faciliter la conquête des marchés, etc. Si une nation parvient à persuader une autre que leurs intérêts sont communs, elle parviendra beaucoup plus facilement et plus durablement à la faire adhérer à sa politique que si elle veut obtenir ce même résultat par la contrainte.

Si le *soft power* se distingue du *hard power*, une nation doit disposer des deux pour affirmer pleinement sa puissance. À la fin de la guerre froide, l'URSS avait en grande partie perdu la bataille de l'image au profit des États-Unis, apparaissant comme figée, despotique, bureaucratique et inefficace face à une société ouverte et démocratique.

« Le pape, combien de divisions ? », aurait déclaré Staline pour tourner en dérision le manque de puissance militaire du Vatican. L'URSS a aujourd'hui disparu alors que le pape François exerce un magistère moral mondial.

Le *hard power* fut indubitablement en faveur des Américains en Afghanistan comme en Irak, mais leur manque de *soft power* dans ces pays les a fragilisé au plus haut point.

Le Qatar est un petit pays, mais le succès de sa chaîne de télévision *Al-Jazeera* et ses investissements et implications dans le secteur sportif lui offrent un statut international important.

Le dalaï-lama dispose, à l'évidence, d'un *soft power* très large. Au-delà des Tibétains et des bouddhistes, il exerce un leadership moral très développé. Il bénéficie du soutien d'une grande partie de l'opinion publique occidentale, de vedettes de Hollywood, etc. Mais une absence totale de *hard power* explique qu'il soit en exil. La Chine, à l'inverse, est très critiquée pour sa politique au Tibet et au Xinjiang à l'égard des Ouïghours, surtout dans la presse occidentale, mais c'est elle qui exerce la souveraineté sur ce territoire. Il en va de même pour la Russie qui souffre d'un déficit de *soft power*. Mais ces deux derniers pays en ont conscience et cherchent à investir également ce terrain, qu'ils ignoraient jusque-là. Et il faut distinguer leur situation dans les pays occidentaux ou leur *soft power* est quasi nul à celle dans les pays non-occidentaux où elle est plus solide.

La mondialisation, qui permet une circulation plus rapide et plus universelle des informations, renforce le poids de l'image dans la définition de la puissance. L'image d'un pays se joue des barrières frontalières.

En résumé

La puissance dure (*hard power*), ou pouvoir de contrainte, ne suffit plus aujourd'hui pour être une grande puissance. Le pouvoir d'influence (*soft power*) est tout aussi nécessaire. Par l'obtention d'un soutien politique sur une base volontaire, il est même plus efficace. Mais pour être une véritable grande puissance, il faut pouvoir jouer sur les deux tableaux.

CHAPITRE 8

LA REDÉFINITION DE LA PUISSANCE

La puissance internationale n'est plus centrée sur la force militaire ; ses formes se sont considérablement diversifiées.

Pour Morgenthau (1904-1980), le grand théoricien américain des relations internationales, « *à l'instar de toute politique, la politique internationale est une lutte pour le pouvoir* ».

Dans sa définition classique, la puissance était caractérisée par la capacité d'un acteur à pouvoir imposer sa volonté aux autres, ou à modifier leur volonté en fonction de ses propres intérêts. L'intérêt, c'était un rapport de forces au sens classique du terme, où le plus faible doit céder face au plus puissant. La puissance était avant tout déterminée par la taille de l'armée, du territoire, de l'économie, de la richesse disponible, l'importance des matières premières dont le sous-sol est riche, etc. La conquête territoriale, source de puissance supplémentaire, de sécurité élargie et de futurs revenus, était l'objectif principal. La configuration géographique – façade maritime, enclavement terrestre, position insulaire, contrôle des voies de passage – était un élément primordial.

Ces critères peuvent être, en fait, à double détente. Un territoire trop grand, que l'on ne parvient pas à contrôler, est une source d'inquiétude potentielle et donc d'affaiblissement actif. C'est le cas actuellement pour la Russie (et c'est encore plus net pour la République démocratique du Congo). Mais dans le passé, c'est la taille de son territoire qui l'a sauvée deux fois face à Napoléon et à Hitler. Une population trop nombreuse à laquelle on ne peut offrir des débouchés peut être un facteur de déstabilisation sociale. De même que l'éducation d'une population est un facteur de puissance, mais si les jeunes diplômés arrivent sur le marché du travail sans pouvoir être employés, ils deviennent un potentiel de recrutement pour ceux qui veulent renverser le régime, y compris par la force. Un pays riche qui n'aurait pas les moyens de se défendre serait soumis, soit aux appétits extérieurs, soit à un protecteur (c'est le cas du Koweït, cible facile pour l'Irak et qui depuis doit vivre sous protection américaine). La possession de matières premières constitue un atout, mais peut également transformer en cible des appétits intérieurs ou extérieurs. À l'inverse, le fait d'en être dépourvus n'a pas empêché, ou peut-être a contraint, le Japon et la Corée du Sud à se lancer dans une course à la technologie.

Un pays puissant militairement, mais dont l'économie est faible, est menacé d'implosion (URSS) ; une société multiethnique peut être une source de rayonnement extérieur (États-Unis) ou bien de conflits internes (Yougoslavie).

Un pays dont le territoire est très réduit, ou la population peu nombreuse, peut jouer un rôle stratégique majeur (Israël, Cuba) ou bien avoir un rayonnement sans commune mesure avec sa taille (Qatar : *Al-Jazeera*, Coupe du monde de football 2022).

La puissance devient plus multiforme, plus diffuse, moins fondée sur la coercition que sur la conviction et l'influence. L'heure des conquêtes territoriales est terminée, c'est désormais l'attractivité du territoire (par rapport aux investisseurs étrangers, aux touristes) qui importe. La cohésion nationale et l'équilibre interne d'une société prennent une importance croissante.

Pour Machiavel, il était plus important d'être craint que d'être aimé. La peur suscitée faisait partie du rapport de forces.

Si le fait d'être redouté est toujours un élément de la puissance, aujourd'hui l'image, la popularité, l'attractivité en sont également une dimension importante, d'autant plus que les opinions publiques sont de plus en plus informées et éduquées et qu'on a assisté au niveau mondial à l'émergence des sociétés civiles.

L'intelligence artificielle et plus largement les nouvelles technologies de l'information et de la communication prennent une place de plus en plus importante dans la définition de la puissance.

Ce qui est évident, c'est que les relations internationales restent déterminées par les rapports de force. La puissance peut avoir changé de sens et les critères peuvent évoluer, ils restent l'élément central de la vie internationale.

Le pouvoir de contraindre reste une réalité et il faut trouver un équilibre entre *soft* et *hard power*.

En résumé

> **La puissance revêt des formes diversifiées. À côté des critères classiques (armée, économie) sont apparus des critères plus subjectifs (image, attractivité). La puissance reste au cœur de la vie internationale.**

CHAPITRE 9

LA JUSTICE INTERNATIONALE

D'abord balbutiante et disposant de compétences limitées, la justice internationale tendait à s'affirmer à la fin du XXe siècle, pour donner l'impression de stagner au XXIe siècle.

La Cour internationale de Justice, établie comme organe judiciaire principal de l'ONU en 1945, n'est pas un véritable tribunal, dans la mesure où elle ne peut juger que des États, à condition qu'ils en acceptent la compétence.

Les tribunaux de Nuremberg et de Tokyo avaient jugé les criminels de guerre allemands et japonais. Avant la définition du crime de génocide en 1948, il y avait un vide juridictionnel pour juger des individus qui en étaient coupables, comme pour les crimes de guerre ou contre l'humanité. Seuls les États pouvaient le faire avec le risque de ne permettre qu'une justice des vainqueurs.

Eichmann, ancien nazi, a été enlevé en Argentine en 1960. La justice israélienne s'est déclarée compétente en raison du caractère universel des crimes commis. Il est exécuté par pendaison le 1er juin 1962.

En 1993 a été établi un Tribunal pénal international pour l'ex-Yougoslavie. Un tribunal du même type a été créé pour le Rwanda. Dans les deux cas, il s'agit de réagir à l'événement et non pas d'exercer un effet dissuasif. Il y a donc un double reproche d'agir au coup par coup. Un tribunal spécial pour la Sierra Leone, un tribunal spécial pour le Liban (pour le meurtre de l'ancien Premier ministre Rafic Hariri), ainsi que des Chambres extraordinaires au sein des tribunaux cambodgiens ont aussi été créés. En 1998, la Cour pénale internationale (CPI) est instaurée par l'adoption du Statut de Rome.

Son caractère permanent et global lui permet d'avoir un rôle à la fois punitif et préventif. Peuvent être jugés uniquement les crimes commis sur le territoire d'un État partie et/ou par les ressortissants des États parties sauf si le Conseil de sécurité saisit la Cour, laquelle ne peut juger des affaires antérieures à sa création, et par ailleurs ne juge que les crimes les plus graves : crimes de guerre, crimes contre l'humanité, crimes de génocide et crimes d'agression. Elle peut être saisie par un État partie au traité, le Conseil de sécurité de l'ONU ou le procureur de la CPI.

En mars 2009, la Cour a lancé un mandat d'arrêt à l'encontre du président soudanais Omar el-Bechir pour crimes contre l'humanité, du fait des massacres commis au Darfour depuis 2003. Les pays africains et arabes ont dénoncé le « *deux poids, deux mesures* » de cette décision. Omar el-Bechir a pu continuer à se déplacer sans être inquiété sur le continent africain, et même dans certains pays asiatiques (Chine, Indonésie et en Russie). Son renversement par un coup d'État en 2019 puis son emprisonnement au Soudan pourrait permettre de le déférer devant la CPI. La Cour a par ailleurs été saisie à plusieurs reprises par le Conseil de sécurité, dont certains membres permanents ne sont pas membres de la CPI (États-Unis, Chine, Russie), ce qui renforce le sentiment d'« un deux poids, deux mesures ». De même, de nombreux États dénoncent le fait que les crimes de guerre commis par Israël lors de la guerre de Gaza ne fassent pas l'objet de la même attention. Une enquête sur les crimes commis en Palestine est ouverte à compter de mars 2021.

Depuis la création de la CPI, des procédures ont été ouvertes concernant des crimes perpétrés en République démocratique du Congo, en Ouganda, au Soudan, en République centrafricaine, au Kenya, en Libye, en Côte d'Ivoire, au Mali, au Burundi, en Géorgie, en Palestine, aux Philippines, en Birmanie et en Afghanistan. Lors des événements de Côte d'Ivoire en décembre 2010, la menace d'une éventuelle saisine de la Cour avait été brandie. Les États-Unis, la Chine, la Russie, l'Inde, la plupart des pays arabes et Israël ne sont pas parties au traité.

Si la CPI devenait réellement universelle, cela modifierait le paysage juridique stratégique : outre son rôle dissuasif, elle mettrait fin à une éventuelle protection territoriale de personnes inculpées.

La CPI constitue un progrès, mais limité, dans la mesure où de nombreux pays échappent à sa compétence ou lui reprochent de n'inculper que des dirigeants non occidentaux. Dénonçant ce traitement inégalitaire, trois États africains ont successivement annoncé leur souhait de quitter la CPI en octobre 2016 : le Burundi, l'Afrique du Sud et la Gambie. C'est la première fois que des pays s'engagent dans une procédure de retrait de cette institution judiciaire. Seul le Burundi est allé au bout de la procédure.

En 2019, les Philippines s'en retirent à la suite de la décision d'ouvrir une enquête préliminaire contre Duterte et des membres de son administration pour crimes contre l'humanité dans le cadre de la guerre contre les trafiquants de drogue.

En janvier 2019, l'ex-président ivoirien Laurent Gbagbo était acquitté après avoir été emprisonné sept ans, donnant l'image d'un gâchis judiciaire.

La CPI et ses responsables ont été la cible d'attaques récurrentes et de la mise en place de sanctions par l'administration Trump pour protester contre l'ouverture d'enquêtes concernant de potentiels crimes de guerre commis par l'armée américaine en Afghanistan et l'armée israélienne en Palestine. Si l'administration Biden a levé ces sanctions en 2021, elle continue d'affirmer ses divergences avec la Cour.

En résumé

La justice internationale a tout d'abord été exclusivement interétatique, uniquement compétente en cas d'acceptation des États. Après la création de tribunaux spéciaux répondant à des conflits d'après-guerre froide, une Cour pénale internationale a été instaurée et joue désormais un rôle à la fois punitif et préventif.

→ rôle punitif et préventif

Expliquez-moi… en vidéo !

LA JUSTICE PÉNALE INTERNATIONALE

https://www.editions-eyrolles.com/go/geopolitique10

CHAPITRE 10

LA DÉMOCRATIE PROGRESSE

Le monde entier n'est pas régi par la démocratie, mais celle-ci étend régulièrement son emprise.

Tous les pays ne sont pas encore démocratiques. Les démocraties existantes connaissent des imperfections, mais le mouvement général, sous l'effet du développement de l'information, de la conscience de plus en plus grande des opinions et de leur capacité de mobilisation, permet de penser que la tendance structurelle lourde est de conduire à la démocratie.

Il n'y a plus aujourd'hui qu'un seul pays réellement totalitaire : la Corée du Nord (peut-être également l'Érythrée). Dans les autres pays où la démocratie ne s'exerce pas, on peut parler de régimes autoritaires répressifs ou dictatoriaux, mais plus totalitaires au sens qu'on lui donnait dans les années 1950-1960. Si la Chine a encore aujourd'hui de profonds progrès à faire en matière de respect des droits de l'Homme, elle n'a plus rien à voir, en matière de privation de libertés collectives et individuelles, avec ce qu'elle fut à l'ère Mao.

La guerre froide avait été présentée comme une lutte entre les démocraties et les systèmes totalitaires. C'était exact, même si au cours de cette période les régimes occidentaux n'ont pas hésité à soutenir des dictatures militaires ou même le régime d'apartheid de l'Afrique du Sud au nom de la lutte contre le communisme. La fin de la guerre froide n'a pas débouché sur la fin de l'Histoire, comme l'avait prédit Francis Fukuyama, qui pensait que le système d'économie de marché et les démocraties occidentales se seraient imposés comme modèle universel. Cet optimisme et même cette *hubris* occidentale avait conduit certains à penser que le monde occidental pouvait imposer et exporter, y compris par la force, ses règles.

Certes, avec la disparition du clivage Est-Ouest, l'Europe de l'Est se dota de régimes démocratiques. Dans les années 1980, ce furent les dictatures latino-américaines qui s'effondrèrent les unes après les autres. Désormais, le pouvoir se gagne par les urnes et non plus par les armes. Si les espoirs d'une démocratisation globale de l'Afrique, avec l'établissement de conférences nationales dans la plupart des pays au début de 1990, ne se sont pas confirmés, il y a néanmoins un mouvement général et des *success stories* démocratiques dans ce continent, malgré quelques revers récents (Mali, Guinée, Burkina Faso). En Asie, des régimes militaires dictatoriaux à Taïwan et en Corée du Sud ont laissé place à des démocraties vivantes dotées de sociétés civiles puissantes.

La révolution tunisienne a montré qu'un régime répressif ne pouvait éternellement se mettre à l'abri de la contestation d'une population éduquée. Elle a créé une onde de choc dans tout le monde arabe, voire au-delà. À l'inverse, le cas syrien montre qu'un régime fortement rejeté par la population peut se maintenir par une répression de masse (et une aide militaire étrangère).

Deux erreurs ont été communément commises par rapport à la généralisation du système démocratique. Certains responsables politiques ou intellectuels occidentaux, procédant à un relativisme culturel, estimaient que les pays asiatiques ou africains n'étaient pas éligibles à la démocratie. L'autre erreur a été de vouloir l'imposer de l'extérieur, y compris par la force. Ces deux approches dénotaient un sentiment de supériorité. Elles ne prenaient pas en compte le fait que l'aspiration à la démocratie est un sentiment universel, mais dont la mise en œuvre correspond à des moments politiques internes, spécifiques à chaque nation.

L'époque où les peuples étaient passifs est révolue. De plus en plus, ils prennent leur destin en main. Cela ne veut pas dire qu'il n'y aura pas de retour en arrière et que l'accès à l'information ne s'accompagne pas de tentatives de désinformation, mais globalement il y a un mouvement irréversible d'accaparement des peuples de leur propre destin.

Partout, sur les cinq continents, selon l'histoire et les caractéristiques propres de chaque pays, les citoyens se font de plus en plus entendre, et pèsent sur les décisions.

Si, en 2018, l'extrême droite progresse en Europe et que des « hommes forts » (Trump, Poutine, Bolsonaro, Duterte, Erdogan, etc.) (ré)affirment leur pouvoir, ils ne parviendront pas à enrayer à long terme le mouvement irréversible de démocratisation.

En 2019, dans de nombreux États sur différents continents, les sociétés civiles ont remis en cause leur gouvernement. Si la pandémie de Covid-19 a fourni un prétexte commode aux régimes autoritaires pour serrer la vis au nom d'impératifs sanitaires, le mouvement de développement des sociétés civiles va reprendre et semble irréversible sur le long terme.

En résumé

Sous l'effet du développement économique, de l'éducation et d'un accès plus facile à l'information, la démocratie est en progrès partout dans le monde. S'il existe encore des régimes autoritaires, il n'y a plus – ou presque – de régimes totalitaires.

PARTIE 5

LES 10 QUESTIONNEMENTS

CHAPITRE 1

LA FIN DES FRONTIÈRES

La mondialisation, avec le développement des flux, des réseaux et des échanges, a été présentée comme signifiant la fin des territoires et des frontières qui les délimitent.

Un monde globalisé devait être un monde déterritorialisé. Les frontières étaient impuissantes à enrayer ou à stopper les transactions financières, la libre circulation des marchandises, des hommes et des idées. Les nouvelles technologies de l'information et de la communication venaient les affaiblir un peu plus. Si les frontières sont devenues plus poreuses, elles ne sont en rien abolies.

On peut tout d'abord dire qu'elles se sont multipliées. L'augmentation du nombre d'États depuis le début des années 1990 a conduit à une augmentation parallèle du nombre et de l'étendue des frontières. Ces dernières sont par ailleurs loin d'être obsolètes. Il serait techniquement plus facile aujourd'hui pour Phileas Fogg de faire le tour du monde en quatre-vingts jours. Contrairement à la situation du héros de Jules Verne, dont le livre a été publié en 1873, personne ne prendrait le risque de parier une importante somme d'argent sur le fait qu'il serait impossible de faire le tour de la planète dans un délai qui paraissait si court à l'époque. Mais, après bien des péripéties, Phileas Fogg est rentré sain et sauf. Le tour du monde est aujourd'hui peut-être plus dangereux. Par ailleurs, une simple carte de visite ne suffit plus à voyager à travers le monde ; il faut aujourd'hui passeports et visas dans la plupart des pays, un obstacle qui varie grandement selon les nationalités. Un Allemand peut ainsi accéder à 170 pays sans visa préalable, quant un Afghan ne peut le faire que dans 36 pays. L'effacement des frontières ne joue pas pour tous dans le même sens. Il est aisé et relativement peu coûteux pour un citoyen européen de se rendre dans un pays africain pour y passer quelques jours de vacances, l'inverse n'est pas vrai. Dans la plupart des cas, un Africain qui voudrait rejoindre le continent européen utiliserait un système de passeurs avec un voyage long, inconfortable, dangereux et coûteux. Il ne peut être certain de parvenir à ses fins, il peut même y risquer sa vie.

La mobilité humaine engendrée par la mondialisation est venue susciter l'édification de nouvelles barrières. Pour des raisons de conquêtes territoriales, de sécurité et pour enrayer l'immigration, des murs ont été construits par Israël sur les Territoires palestiniens, par les États-Unis à leur frontière avec le Mexique, par le Maroc au Sahara occidental, par les Européens dans les enclaves espagnoles situées au Maroc de Ceuta et Melilla et dans les Balkans, par l'Arabie saoudite à sa frontière avec l'Irak, par la Tunisie à sa frontière avec la Libye.

C'est bien plus largement sur un problème de territoires et de frontières que le conflit israélo-palestinien perdure. Ce conflit, contrairement aux apparences ou à la présentation qui en est souvent faite, n'est pas un conflit religieux (le but de chacun des protagonistes n'est pas de convertir l'autre), mais il s'agit bien de savoir quel partage – ou non-partage – des Territoires de l'ancienne Palestine mandataire sera fait entre Arabes et Juifs. Le 38e parallèle reste entre les deux Corées un point de fixation extrêmement dangereux. Ce n'est plus l'idéologie qui sépare Pékin de Taïwan, mais bien la question de savoir s'il existe une ou deux Chines, bref de savoir si le territoire de l'île de Taïwan appartient ou non à la République populaire de Chine. Les différentes poussées sécessionnistes existant dans le monde montrent bien la volonté de nombreux acteurs politiques de contrôler en propre un territoire, et de voir ce contrôle reconnu par des frontières de fait ou de droit.

Les questions frontalières demeurent les plus sensibles sur le plan géopolitique, pour la simple et bonne raison que les États demeurent les acteurs centraux des relations internationales. De plus, la mondialisation, si elle a réduit les distances, n'a pas mis fin aux rivalités, et le territoire – et ses délimitations – reste incontournable. La guerre déclenchée par la Russie contre l'Ukraine en février 2022 rappelle si besoin était que la question des frontières n'est pas théorique mais reste bien une cause essentielle des conflits.

Au cours de la pandémie de Covid-19, les frontières sont devenues infranchissables. Le phénomène est provisoire. Mais si la mondialisation n'a pas tout à fait effacé les frontières, la pandémie de Covid-19 ne les a pas non plus rendu de nouveau totalement hermétiques sur le long terme.

En résumé

Si la mondialisation a modifié les notions de temps et d'espace en raccourcissant les distances, elle n'a pas fait perdre sa pertinence à la notion de territoire, de frontières et des rivalités qui s'exercent pour leur contrôle. Les frontières restent au cœur de la géopolitique, de la vie internationale et de la définition même de l'État. La crise du Covid-19 a fait ressurgir de façon spectaculaire des frontières infranchissables. Elles devraient cependant être progressivement réouvertes.

Expliquez-moi... en vidéo !

LES FRONTIÈRES

https://www.editions-eyrolles.com/go/geopolitique11

CHAPITRE 2

LA MONDIALISATION UNIVERSELLE

La mondialisation est la formule le plus souvent employée pour qualifier l'époque actuelle. Elle n'est pourtant pas un phénomène totalement nouveau.

Une première vague avait eu lieu à partir de 1492, des grandes découvertes et de la circumnavigation. Différentes parties du monde qui n'étaient pas liées entre elles entraient en contact, fût-ce pour le plus grand malheur des populations amérindiennes. Une deuxième vague eut lieu au XIXe siècle par la révolution industrielle. Une série de découvertes technologiques modifiait la relation au temps et à l'espace, comme le télégraphe, le téléphone, la machine à vapeur, ce qui permit de créer le chemin de fer, celui-ci bouleversant l'ordre territorial existant. Les transports (et la guerre) maritimes étaient révolutionnés par la marine à vapeur. La traction automobile allait également modifier le rapport à l'espace. Un peu plus tard, l'aviation créait également une rupture dans la relation de l'homme et l'espace, modifiant les notions de temps et d'espace.

La troisième vague est caractérisée par une libéralisation des échanges, des investissements et des flux de capitaux, par la formidable contraction du temps et de l'espace que procurent les nouveaux moyens de communication et l'abaissement de leurs coûts.

La mondialisation est concomitante avec l'implosion de l'Union soviétique et de son empire qui fit disparaître le rideau de fer divisant l'Europe, et du développement des nouvelles technologies de l'information et de la communication. La conjonction de ces révolutions géopolitique et technologique va bouleverser la carte du monde, les rapports de forces, les rivalités territoriales et même le climat. Les barrières politiques et techniques, autrefois infranchissables, s'effondrent par la même occasion.

La formule de Marshall McLuhan, selon laquelle le monde était un village global, est devenue une réalité. On peut tout connaître de ce qui s'y passe comme dans un village. On voit la création de standards culturels mondiaux.

Un éditorialiste américain, Thomas Friedman, conclut, dans un best-seller mondial, que *« le monde est plat »*. La révolution numérique a aboli les frontières commerciales et politiques. Ce ne sont plus les États ni même les firmes multinationales qui entrent en relation ou en concurrence, mais les individus, qui constituent des réseaux, notamment par Internet.

Cela rend insupportable le but d'une guerre, en raison de la rupture des échanges commerciaux qu'elle suppose. La guerre en Ukraine en 2022 témoigne de ce phénomène, les conséquences économiques de la guerre ont un impact à l'échelle planétaire.

Il ne faut cependant pas oublier qu'une part non négligeable de la planète n'a pas accès à Internet. La fracture numérique s'est substituée à la fracture Nord/Sud, et elle s'installe non seulement entre pays développés et non développés, mais également au sein de chaque nation.

De surcroît, la mondialisation n'a pas produit l'établissement de règles communes, acceptées et respectées par tous. La planète s'est rétrécie, mais les rivalités et les conflits demeurent.

La « communauté internationale » est souvent évoquée mais sa réalité reste à prouver. Elle a trouvé une incarnation lors de la signature de l'accord de Paris sur le climat en décembre 2015 mais cet accord constitue une exception.

Mais surtout, si la mondialisation a incontestablement sorti du seuil de pauvreté des centaines de millions de personnes, elle a aussi permis une montée des inégalités. Dans les pays anciennement industrialisés, elle a provoqué dans les classes populaires une précarité et un sentiment de déclassement qui ont suscité un rejet de cette mondialisation.

Pour des raisons économiques ou environnementales, la mondialisation est parfois remise en cause, ou plutôt ses effets les plus négatifs, en poussant la réflexion sur les formes de mobilité, les circuits courts et la relocalisation de certaines productions. La pandémie de Covid-19 née en Chine fin 2019 touchait le monde entier en quelques semaines du fait de la rapidité et de l'intensité des échanges liés à la globalisation, provoquant un choc sanitaire, économique et sociétal. Les risques sanitaires viennent donc également questionner la mondialisation. Elle soulignait également les dépendances et carences de certains pays vis-à-vis de l'étranger pour la production de biens et produits essentiels, souvent délocalisée.

En résumé

> **La nouvelle vague de mondialisation a profondément bouleversé les notions de temps, d'espace et de distance. Elle n'a cependant pas eu les mêmes effets à l'échelle globale. Les territoires restent diversifiés, il n'y a pas de critères globaux s'exerçant de façon tout à fait universelle.**

CHAPITRE 3

L'IMPUISSANCE DE LA PUISSANCE MILITAIRE

La puissance militaire, si elle n'est pas devenue obsolète après la fin de la guerre froide, rencontre cependant des limites à l'heure de la globalisation.

La force militaire a longtemps été l'élément primordial de la puissance et de la détermination des rapports de forces géopolitiques. C'est elle qui permettait de satisfaire les appétits territoriaux d'une entité politique et de déjouer ceux des puissances rivales. C'est grâce à elle que les grands empires se sont constitués, c'est sous les coups adverses qu'ils se sont délités. Dans un monde où le droit international existait peu ou pas, la puissance militaire était la première condition de survie.

Jusqu'au milieu du XXe siècle, la guerre était considérée comme un des moyens de relations entre les États. Ni illégale ni illégitime, elle était l'un des moyens tout à fait admis de la vie internationale. Avoir une armée puissante était une nécessité absolue pour la préservation de la souveraineté.

Les espoirs fondés sur le triptyque paix-arbitrage-désarmement ou avec la Société des Nations, après la Première Guerre mondiale, n'ont pas résisté à la montée des antagonismes et au choc de la Seconde Guerre mondiale.

La rivalité Est-Ouest pour le contrôle du monde s'est tout logiquement accompagnée d'une course aux armements, entre Moscou et Washington. C'est leur supériorité militaire vis-à-vis de tous les autres États, y compris de leurs alliés, qui ont permis à l'URSS et aux États-Unis de prendre le leadership de leur camp respectif, et d'être considérés comme des « superpuissances ».

À la fin de la guerre froide, le facteur militaire a de nouveau été mis en question comme critère de puissance. Tout d'abord parce que l'on a attribué à la quête effrénée de sécurité les causes de l'implosion de l'Union soviétique pour avoir négligé le développement économique et social interne du pays. La disparition de la menace soviétique a été assimilée dans le monde occidental à la fin de toute menace d'ordre militaire. La puissance militaire était donc perçue comme inutile (il n'y avait plus d'ennemis) et dangereuse (l'affectation prioritaire de ressources à la défense affaiblissait l'économie d'une société).

La dissipation des illusions de « la fin de l'Histoire » ou « du nouvel ordre mondial » est venue mettre fin à l'espoir d'un monde où la guerre, donc la puissance militaire, n'aurait plus de raison d'être. La fin de la guerre froide n'a pas été la fin de la conflictualité. Celle-ci a simplement changé de sens ; les conflits qui ébranlent la planète n'opposent plus systématiquement des protagonistes dont l'un est relié à Washington et l'autre à Moscou, et les guerres infra et internationales s'enchevêtrent.

Si l'on a parlé au début des années 1990 de « dividendes de la paix » avec l'espoir pour certains, la crainte pour d'autres, d'une diminution des dépenses militaires, celle-ci ne s'est en rien réalisée. Le montant des dépenses militaires mondiales a, au contraire, constamment augmenté pour atteindre en 2021 un montant de 2 113 milliards de dollars, dont près de 801 sont le fait des seuls États-Unis. Il est tout à fait exceptionnel dans l'histoire de l'humanité qu'un seul pays réalise à lui seul près de la moitié des dépenses militaires mondiales.

Pour autant, la puissance militaire n'a plus la même signification aujourd'hui. Elle n'est plus un gage de sécurité absolue. Le coût des attentats du 11 septembre 2001, qui ont si durement frappé les États-Unis, a été évalué entre 100 000 et 500 000 dollars. À l'époque, le budget militaire américain était de 280 milliards de dollars. Même en l'ayant presque triplé, les États-Unis ne se sentent pas en parfaite sécurité. S'ils ne craignent plus aucune menace étatique, ils se sentent toujours fragiles face aux menaces asymétriques et infra-étatiques.

L'hyperpuissance militaire américaine n'a guère été plus utile ni plus efficiente sur des théâtres extérieurs. La guerre contre l'armée irakienne a été gagnée en quelques jours en 2003, mais l'Irak s'est rapidement transformé en bourbier pour l'armée américaine. En Afghanistan, la débâcle américaine à Kaboul et la reprise du pouvoir par les talibans constituent un nouvel exemple tragique de l'échec des interventions militaires occidentales. Les États-Unis ont perdu la guerre, malgré la disproportion des moyens (2 000 milliards de dépenses militaires américaines, 10 fois plus que le PIB afghan en 2020) et les Afghans se retrouvent dans la même situation qu'il y a 20 ans, après une nouvelle guerre dont ils furent les premières victimes.

C'est pour cela qu'il existe une continuité aux États-Unis entre les administrations Obama, Biden et Trump pour ne plus lancer les États-Unis dans des guerres mais plutôt en privilégiant des outils contraignants sur le plan juridique ou des pressions sur le plan économique pour faire valoir leurs intérêts.

L'immense disproportion des forces entre l'armée israélienne et le Hezbollah au Liban en juillet 2006, ou le Hamas à Gaza (décembre 2008, janvier 2009, novembre 2012, été 2014, mai 2018, mai 2021) n'a pourtant pas permis à Israël de mettre hors d'état de nuire ses adversaires.

De la même manière, l'armée russe, bien plus puissante que l'armée ukrainienne, n'est pas parvenu à atteindre Kiev après le déclenchement de la guerre en février 2022. La Russie a même été contrainte de reculer face à l'armée ukrainienne, certes renforcée par l'envoi d'équipements de la part des Occidentaux, mais également forte d'une détermination sans faille caractéristique d'un État agressé.

La puissance militaire peut entretenir l'illusion de la toute-puissance et empêcher de voir ses limites. Napoléon en avait déjà subi les conséquences en s'engluant en Espagne et en poussant trop loin ses troupes en Russie. Hitler a eu aussi l'illusion qu'il pouvait se battre sur deux fronts, à l'est et à l'ouest. La puissance militaire est un moyen qui doit être mis au service d'une fin politique, faute de quoi ses limites apparaissent rapidement.

Le critère militaire reste cependant un élément fongible à la puissance. Un pays qui dépend d'un autre pour sa sécurité, ou qui se sent sous le coup d'une menace militaire, verra ses marges de manœuvre politique diminuer. Le fait que l'Arabie saoudite (et les pays du Golfe en général) ou le Japon soient dépendants des États-Unis pour leur sécurité confère aux Américains un réel ascendant politique.

La puissance militaire ne permet plus d'assurer le contrôle territorial. La résistance à la présence de forces armées étrangères peut être contenue mais pas vaincue sur le long terme. Même des troupes initialement considérées comme étant de libération sont rapidement vécues comme des forces d'occupation.

En résumé

À l'issue de la guerre froide, certains ont cru que la puissance militaire avait perdu de sa pertinence. La disparition de l'URSS n'ayant pas signifié la fin des rivalités et des conflits, on s'est rapidement aperçu que la force militaire demeurait un élément indispensable de la souveraineté. L'occupation militaire d'un territoire et d'un peuple est néanmoins de plus en plus l'objet de rejets qui la rendent coûteuse et difficile à maintenir à terme.

Expliquez-moi... en vidéo !

L'*ARMS CONTROL*

https://www.editions-eyrolles.com/go/geopolitique12

CHAPITRE 4

LA RÉVOLUTION NUMÉRIQUE : TRANSPARENCE DÉMOCRATIQUE OU NOUVEAU TOTALITARISME ?

La révolution numérique bouleverse la relation entre le citoyen et le pouvoir.

Les nouvelles technologies suscitent des réactions mitigées. Elles permettent un accès à la connaissance et à la diffusion de l'information beaucoup plus répandu. Celle-ci n'est plus réservée à une élite mais peut être accessible à un plus grand nombre de citoyens. WikiLeaks a pu porter à la connaissance du monde entier des télégrammes diplomatiques, réservés à quelques responsables politiques et diplomates. Certains l'ont salué comme le triomphe des citoyens sur les diplomaties secrètes, accusées d'aller à l'encontre des intérêts des peuples. D'autres ont protesté contre le coup porté à la diplomatie. Dévoilées sur la place publique, les négociations peuvent rapidement échouer. Le temps diplomatique ne peut pas aller au même rythme que le temps médiatique, l'opinion étant toujours pressée. Un argument plus fort était qu'une totale transparence avait un caractère totalitaire. Si plus rien n'est secret, l'individu n'est-il pas mis en danger ? Les technologies actuelles offrent un éventuel pouvoir totalitaire, les moyens de surveiller de façon plus efficace les populations que ce qu'avait imaginé George Orwell dans son livre *1984* (écrit en 1948). Les défenseurs de WikiLeaks avancent comme objectif de permettre, non pas un contrôle des citoyens par le gouvernement, mais exactement l'inverse.

Internet et le téléphone portable sont des facteurs de liberté et de mobilité mais permettent, en même temps, de suivre les mouvements et les goûts à la trace. L'embrigadement et le conditionnement ne se font plus par des métiers de masse, comme au début du XXe siècle, mais par un suivi individualisé de chaque citoyen consommateur.

Un pays peut néanmoins bloquer la transmission de certains messages au moyen de mots-clés qui portent sur les matières politiques sociales ou de sécurité. Il y a donc toujours une éventuelle limite territoriale au flux d'informations sans frontières qu'est Internet. Mais un pays qui limite l'accès de ses citoyens aux nouvelles technologies en subit les conséquences, en matière de modernisation et de développement technologique. De plus, il existe certains outils pour limiter ces barrières.

Internet permet de créer des mobilisations sans grands moyens. Les téléphones portables sont à même de filmer des scènes de répression et de les diffuser, même sans la présence initiale de journalistes étrangers.

Les nouvelles technologies reposent sur la décentralisation de la décision et la responsabilité des individus. Elles sont difficilement compatibles avec des systèmes politiques qui se méfient de l'autonomie des citoyens et de leur liberté d'action.

L'implosion de l'URSS, de par ses difficultés de modernisation économique, est largement due au fait qu'elle a été incapable de faire face à cette révolution technologique, alors qu'elle avait réussi dans les années 1950 sa révolution industrielle. En 1987, il y avait seulement 100 000 ordinateurs personnels en URSS contre une production annuelle de 5 millions aux États-Unis.

La révolution de Jasmin de janvier 2011 en Tunisie a illustré l'importance d'Internet et des réseaux sociaux dans la mobilisation politique. Dans un pays où la presse était soumise à une sévère censure et où la contestation politique était interdite, Internet a permis à la population de s'informer, d'échanger des idées et de se mobiliser. Avec 11 millions d'habitants comptant 4 millions d'internautes, il était impossible de priver la population d'informations venant de l'extérieur.

En 2019, de nombreux mouvements de contestation de pouvoirs en place ont été déclenchés par les sociétés civiles dans des pays aussi divers que l'Algérie, le Liban, le Soudan, le Chili, Hong Kong, puis en 2020 en Biélorussie, en Colombie, etc. Tous avaient en commun d'avoir vu naître la contestation par le biais des réseaux sociaux.

De même, le fait que la Chine compte près d'un milliard d'internautes permet une meilleure expression des citoyens chinois. Celle-ci a cependant pour limite la contestation du régime. Ce dernier peut d'ailleurs également utiliser les réseaux sociaux pour exercer sa surveillance. Un contrôle social de la population est mis en place. La règle générale est une plus grande méfiance des pouvoirs en place et des institutions face à la liberté et à la souplesse qu'offrent Internet et les réseaux sociaux, et un enthousiasme largement répandu chez les citoyens ordinaires. De fait, gouvernements et institutions s'adaptent en recourant eux-mêmes à ces outils.

En 2013, un ancien informaticien, Edward Snowden, a révélé que les services américains espionnaient la correspondance électronique privée de millions de citoyens dans le monde, et même le téléphone portable de dirigeants politiques, tels qu'Angela Merkel. En 2016, la Russie a été accusée d'ingérence, par le biais de réseaux sociaux et de faux comptes, dans l'élection présidentielle américaine. Il est cependant loin d'être certain que celles-ci aient eu une quelconque incidence sur le résultat final.

Si la révolution numérique suscite un débat sur des abus éventuels, sur les dangers d'un système où l'absence de secret déboucherait sur l'absence de vie privée, il y a une tendance structurelle lourde à la transparence, à la plus grande circulation des informations, à la diffusion plus large des savoirs et connaissances.

Cette révolution engendre en revanche un problème indirect : la puissance économique, mais aussi politique, des grandes sociétés du numérique. Les GAFAM (Google, Apple, Facebook, Amazon, Microsoft), par le contrôle des données et leurs moyens financiers, bénéficient d'un réel poids stratégique majeur.

En résumé

> **La révolution numérique et les outils qui en découlent constituent à la fois un instrument de contrôle et donc d'asservissement des populations et un formidable moyen de liberté d'information et de communication. Ils jouent un rôle croissant et modifient la relation entre les citoyens et le pouvoir. Un mouvement structurel vers plus de transparence et de pouvoir des citoyens semble inéluctable.**

CHAPITRE 5

L'OBSOLESCENCE DES ÉTATS

L'État a perdu le monopole de l'action internationale. Il en reste cependant l'acteur central.

L'analyse géopolitique classique est centrée sur les États. La géopolitique étant l'analyse des rivalités pour le contrôle de territoires, l'État a longtemps été son sujet principal, si ce n'est unique. Ce sont les États qui contrôlent des territoires. Ceux qui échappent à une souveraineté étatique sont d'ailleurs appelés des *terrae nullius*. Dans la géopolitique classique, les États sont considérés comme les seuls acteurs internationaux. Les guerres se font pour conquérir des nouveaux territoires. Les frontières sont modifiées en fonction des victoires et des défaites.

Lorsque Raymond Aron publie en 1962 son grand traité de relations internationales *Paix et guerre entre les nations*, il écrit que les relations internationales sont par définition « *des relations entre nations. Dans la formule "relations internationales", la nation équivaut à n'importe quelle collectivité politique territorialement organisée, disons provisoirement que les relations internationales sont les relations entre unités politiques. Les relations entre États comportent par essence l'alternative de la guerre et de la paix* ».

C'est la logique d'un monde « westphalien », en référence au traité de Westphalie de 1648, qui a mis fin à la guerre de Trente Ans et reconnaît comme principe suprême de l'organisation internationale la souveraineté des États.

Ben Laden, Jeff Bezos, Julian Assange, le CIO, Amnesty International, Médecins sans frontières, Boeing, Hollywood sont autant d'exemples qui montrent que l'on peut avoir une action internationale significative sans pour autant être un État. Si le dalaï-lama est un homme qui compte dans le monde, c'est plus en tant que chef spirituel que leader politique en exil du Tibet.

La mondialisation, le développement des flux et des réseaux, l'effacement des frontières, sont venus remettre en cause la toute-puissance étatique.

Mais s'il n'a plus le monopole de l'action internationale, l'État en demeure l'acteur central. C'est dans sa direction que se tournent les autres acteurs. Les ONG ont une très forte capacité de mobilisation, d'expertise et d'influence sur le débat public, mais seuls les États peuvent signer un traité de lutte contre le réchauffement climatique ou une convention interdisant certaines catégories d'armes. Si plusieurs multinationales ont un chiffre d'affaires supérieur au PIB de nombreux États, elles ne peuvent néanmoins, contrairement à certaines caricatures, leur dicter leur comportement. Au-delà de sa rhétorique, l'objectif central et la préoccupation majeure de Ben Laden étaient bien l'Arabie saoudite. La dénomination « État islamique en Irak et au Levant » – ou son acronyme arabe Daech – est également significative : le concept d'État reste prestigieux, même pour une organisation terroriste, alors que leur nature déterritorialisait leurs actions jusqu'alors. Si WikiLeaks a eu un tel impact, c'est parce qu'il permettait au public d'accéder à ce qui était considéré comme des secrets d'État.

La constitution de fonds souverains montre, entre autres exemples, que les États ne sont pas totalement démunis face aux marchés. Et si une régulation financière sévère n'a pas été mise en place après la crise de 2008, c'est bien parce que les États ont volontairement décidé de ne pas le faire. De même, les États ont été les principaux acteurs de la lutte contre la pandémie de Covid-19 et de ses effets économiques.

Les géants du numérique, par leur richesse – leurs chiffres d'affaires dépassent le PIB de nombreux États –, le contrôle des données, leur nombre d'utilisateurs, leur volonté de s'affranchir des règles édictées par les États, constituent un défi particulier pour la souveraineté étatique.

En résumé

> **L'État a longtemps été le seul acteur international et possédait le monopole de la puissance. Si d'autres acteurs (organisations internationales, ONG, firmes multinationales, groupes terroristes, etc.) viennent le concurrencer sur la scène internationale, il en demeure toujours le centre.**

CHAPITRE 6

LA PRIVATISATION DE LA GUERRE

Les anciens mercenaires ont été remplacés par des firmes militaires privées, sous-traitants officiels des États.

Les monarchies employaient régulièrement des régiments étrangers de pays alliés. Pendant la guerre de Cent Ans, les grandes compagnies agissaient pour leur propre compte et vivaient sur le dos de la population sans leur apporter aucune protection, bien au contraire.

À partir de la Révolution française et l'exemple symbolique de Valmy, la mobilisation pour sauver « *la patrie en danger* », l'idée que l'on pouvait se battre, donner et recevoir la mort pour la défense de la nation, s'est imposée. Elle a conduit à des mobilisations générales, la constitution d'armées nationales débouchant sur des guerres beaucoup plus coûteuses en hommes avec l'apogée dramatique de la Première Guerre mondiale. L'abondance de la main-d'œuvre militaire et l'industrialisation de la guerre expliquaient l'augmentation exponentielle du nombre de morts. L'engagement pour la patrie occultait et dévaluait les autres formes de mobilisation militaire. Après les guerres d'indépendance des années 1960 sont apparus des mercenaires ou « soldats perdus ». Le mercenaire est défini par les conventions de Genève comme « *une personne spécialement recrutée dans un pays ou à l'étranger pour combattre dans un conflit armé prenant une part directe aux hostilités en vue d'obtenir un avantage personnel, une rémunération supérieure à celle payée aux combattants de la force armée de cette partie et qui n'est pas ressortissant d'une partie au conflit* ». De nos jours, l'image de mercenaires est liée aux activités clandestines et délictueuses ainsi qu'aux coups tordus visant à entraver le droit des peuples à disposer d'eux-mêmes.

À partir des années 1990 ont surgi des compagnies militaires privées, principalement américaines, nouvelle forme de mercenariat ou de force supplétive, baptisée également « mercenariat entrepreneurial ». La différence avec les mercenaires des années 1960 n'est pas l'articulation de leur activité avec les États – c'était déjà le cas avant – mais le caractère public (et non plus clandestin) de leur existence et l'ampleur de leur développement. Il s'agit de sociétés officielles traitant directement avec les ministères de la Défense des pays occidentaux, principalement des États-Unis, et réalisant pour leur compte des tâches autrefois dévolues aux armées. Cela conduit à une privatisation de la guerre qui accompagne un vaste mouvement de privatisation des services publics. L'impact en est bien sûr différent parce que le pouvoir militaire est au cœur même de la souveraineté. Le recours à ce type de structure s'explique par la multiplication de conflits lointains dans lesquels la sécurité nationale n'est pas directement en jeu et par les réticences de l'opinion vis-à-vis du nombre de morts. Le recours à des forces privées permet de ne pas engager directement la responsabilité étatique. Israël est également actif dans ce secteur, et plus récemment la Russie, qui développe par le biais de la force paramilitaire Wagner, groupe privé mais très lié à l'État russe, sa présence en Afrique, notamment en Centrafrique, en Libye ou encore au Mali.

Néanmoins, le mercenariat pose de nombreux problèmes comme le contrôle démocratique sur l'utilisation de la force, l'ampleur de la délégation de souveraineté, le recours à des personnels moins encadrés, moins formés et moins soumis à la chaîne hiérarchique étatique, pouvant ouvrir plus facilement le feu de façon incontrôlée.

Les sociétés militaires privées peuvent apparaître comme des menaces pour la sécurité globale parce qu'elles dépendent d'intérêts privés et peuvent tirer avantage de la prolongation des conflits pour maintenir leur rentabilité. La paix est une menace pour elle. Le complexe militaro-industriel, qui dispose déjà d'un rapport de forces favorable à l'État, serait renforcé au détriment de l'intérêt national.

Les missions de ces firmes peuvent être les suivantes : soutien logistique à des déploiements ou à des opérations militaires, entretien des systèmes d'armes, protection des locaux, protection rapprochée des personnes, formation des forces militaires et de police sur le territoire national ou à l'étranger, collecte et analyse de renseignements, garde et interrogatoire de prisonniers. Elles peuvent même aller jusqu'à la participation aux combats.

Les firmes privées s'affranchissent des règles de droit de la guerre (cependant souvent bafouées également par les armées régulières). En Afghanistan et en Irak, les contingents des sociétés militaires privées constituaient les deuxièmes par le nombre, après les forces armées américaines et avant les alliés européens.

La privatisation connaît cependant certaines limites. Dans les opinions, l'activité des firmes privées est liée directement à l'État commanditaire qui ne peut s'affranchir si facilement de ses responsabilités politiques et du jugement de l'opinion.

Dans la mesure où son contrôle est plus lâche, un État peut être confronté à la difficulté d'avoir une responsabilité engagée, alors que son pouvoir de décision se trouvait affaibli.

En résumé

Les firmes militaires privées occupent une place de plus en plus importante, surtout aux États-Unis, dans les opérations militaires. Le recours à ces sociétés est motivé par des raisons pratiques (souplesse, moindre implication de l'État), mais ces firmes posent toutefois des problèmes de contrôle, de formation et de responsabilité. Elles peuvent générer des conflits d'intérêts délicats, y compris avec l'État qui y a recours.

CHAPITRE 7

LES MATIÈRES PREMIÈRES

La possession de matières premières, qu'elles soient agricoles ou minières, a toujours été un élément constitutif de la puissance des États.

C'est la volonté de les acquérir qui a été à l'origine des grandes découvertes à la fin du XVe siècle et au début du XVIe. L'autosuffisance agricole était un critère déterminant de puissance. Napoléon Ier a tenté d'asphyxier la Grande-Bretagne en instaurant un blocus. La production de charbon a été un élément décisif de l'ascension britannique au XIXe siècle. Au début du XXe siècle, sur les douze principales entreprises américaines, dix exploitaient des ressources naturelles. Tous les pays qui se sont enrichis au XIXe siècle et au début du XXe disposaient d'importantes ressources naturelles.

La fin de la guerre froide et la mondialisation sont venues remettre en question la possession de ressources naturelles comme critère décisif de puissance. Tout d'abord parce que l'Union soviétique, qui disposait de stocks diversifiés parmi les plus importants du monde, a néanmoins implosé, la possession de matières premières n'ayant pas empêché sa chute. À l'inverse, le Japon, qui en est presque totalement dépourvu, disposait néanmoins du deuxième PIB mondial et apparaissait au même moment comme étant en route pour une ascension que rien ne pourrait arrêter.

Les nouvelles technologies de l'information et de la communication, tout ce qui ressortait du domaine de la connaissance, de la maîtrise technologique, paraissaient devoir se substituer comme critère décisif de la puissance à la possession de matières premières. Elles avaient par ailleurs l'avantage de n'être pas localisées territorialement à l'avance et de pouvoir se développer partout où l'on saurait organiser leur accueil et leur développement. On ne peut pas changer la localisation d'un gisement de pétrole ; la Silicon Valley, elle, n'a pas de prédestination géographique.

Ce déclassement des matières premières et des ressources naturelles n'a pas duré très longtemps. L'augmentation de la population mondiale, mais surtout l'émergence économique de nombreux pays et la raréfaction relative de ces matières allaient leur redonner une importance capitale. L'accès aux produits de base redevenait vital et la concurrence reprenait de plus belle pour le contrôle des matières premières énergétiques, des produits alimentaires et des minerais rares, indispensables pour la fabrication des produits de haute technologie qui ne sont pas immatériels. Mais le ralentissement de la croissance mondiale et le surplus de production pétrolière ont conduit à une chute des cours en 2015, puis à leur stabilisation.

C'est grâce à sa production pétrolière et gazière que la Russie a, en grande partie, restauré son rang international et son économie. La guerre en Ukraine souligne la colossale dépendance des pays européens à l'égard des hydrocarbures en provenance de Russie. La profusion des réserves russes renforce donc de manière conséquente sa place sur la scène stratégique.

Les États pétroliers du Golfe, surtout ceux à faible population, tirent profit de la hausse du pétrole et du gaz pour racheter des entreprises aux États-Unis et en Europe occidentale. Certains d'entre eux, particulièrement les Émirats arabes unis, doivent désormais envisager « l'après pétrole ».

L'Afrique, continent délaissé au sortir de la guerre froide, est de nouveau courtisée par les puissances extérieures pour ses ressources pétrolières et minières. La Chine, particulièrement gourmande, intervient dans le développement des pays africains à travers la construction d'infrastructures, en échange desquelles elle obtient des droits d'exploitation. Lors du Forum sur la coopération sino-africaine de septembre 2018, elle a promis de consacrer 60 milliards de dollars (mélange de dons, investissements et prêts) au continent pour les trois années à venir.

Pour autant, la possession de matières premières peut être tout autant une bénédiction qu'une malédiction. Sur les 53 pays riches en ressources naturelles (ceux qui tirent plus du quart de leurs recettes budgétaires de l'activité extractive), nombre d'entre eux figurent parmi les pays les plus pauvres de la planète. La richesse en matières premières peut conduire à la mauvaise gestion par les dirigeants des revenus qui en sont tirés. La corruption, la gabegie et le « syndrome hollandais » (les recettes d'exportation ont pour effet l'appréciation de la monnaie nationale et font souffrir les autres secteurs d'exportation soumis à la concurrence internationale qui perdent leur compétitivité) affectent de façon négative les pays riches en matières premières. Cela peut surtout être la source de nombreux conflits internes. Des groupes armés rebelles ou des guérillas dégénérées poursuivent leur activité militaire non pas dans un but politique, mais pour profiter de la rente minière, qui, par ailleurs, constitue leur source de financement. La République démocratique du Congo, qualifiée de « scandale géologique » tant elle est riche en ressources minières, est l'un des pays les plus sous-développés de la planète à cause de la gabegie de ses dirigeants, de l'exploitation par des groupes armés internes et des puissances extérieures (Rwanda, Ouganda) de ses richesses géologiques.

En résumé

Facteur primordial de la puissance, du XIXe jusqu'au début du XXe siècle, les matières premières ont vu leur importance stratégique diminuer à la sortie de la guerre froide puis par l'apparition des nouvelles technologies de l'information. L'émergence économique de nombreux pays a recréé un vif intérêt pour elles, même si, pour certains pays, les appétits qu'elles nourrissent deviennent des malédictions.

CHAPITRE 8

LES COMPÉTITIONS SPORTIVES MONDIALISÉES

Coupe du monde de football et Jeux olympiques (JO), devenus des compétitions sportives mondialisées, ont créé un nouvel espace de rivalités géopolitiques.

Lorsque le baron Pierre de Coubertin voulut recréer les JO, il n'avait pas seulement en tête la promotion de la paix par le sport. Il souhaitait également redonner aux jeunes Français le goût de la culture physique, afin qu'ils fussent mieux préparés militairement face à l'Allemagne. Très rapidement on put mesurer l'impact politique et géopolitique des JO, puis de la Coupe du monde. Les pays vaincus furent exclus des JO après la Première Guerre mondiale. En France, c'est le ministère des Affaires étrangères qui décidait des nations que pouvait rencontrer l'équipe de football. En 1904, pour les JO de Saint-Louis, la majorité des compétiteurs étaient américains ; en 1930, pour la première Coupe du monde, seules quatre nations européennes acceptèrent de faire le déplacement en Uruguay. Mussolini, en 1934, voulut faire de la Coupe du monde en Italie un instrument de propagande en faveur de son régime. Hitler suivit son exemple pour les JO de 1936 (attribués à l'Allemagne avant son accession au pouvoir) pour manifester la réintégration de ce pays dans la communauté internationale. Mais, dans les deux cas, l'organisation de l'événement suscita également des articles critiques sur les régimes fasciste et nazi.

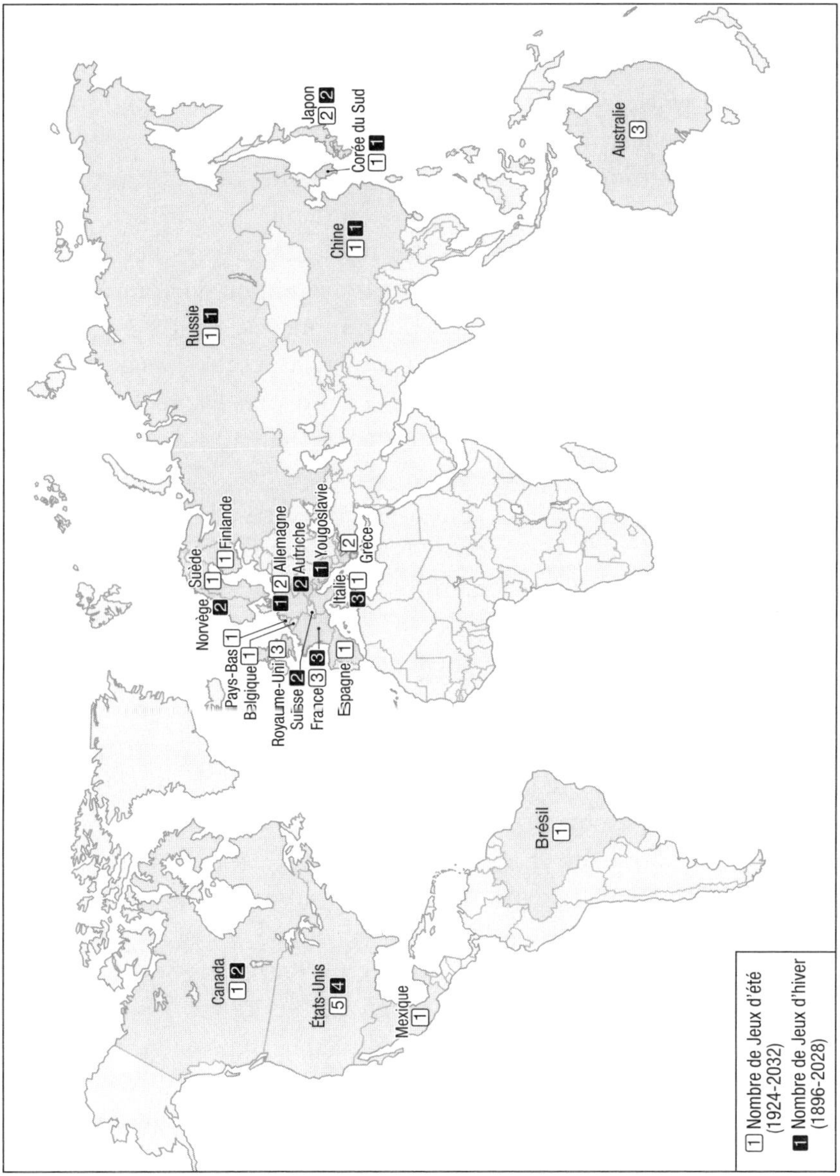

Les villes d'accueil des Jeux olympiques d'hiver et d'été

La guerre froide que se livrèrent Soviétiques et Américains se déroula dans la recherche d'alliés et d'appuis stratégiques sur les cinq continents, dans le décompte des chars, avions et armes nucléaires, mais également dans celui des médailles olympiques. Les victoires étaient la manifestation de la supériorité du régime concerné. Malgré sa relative faiblesse démographique, l'Allemagne de l'Est chercha par tous les moyens, y compris par le recours à un dopage massif, à damer le pion à sa cousine de l'Ouest dans l'obtention des médailles. Après l'échec de la France aux jeux de Rome de 1960, le général de Gaulle, pourtant peu sensible aux compétitions sportives, décida d'organiser au niveau étatique le sport de haut niveau. Il estimait qu'il en allait du prestige de la France. La fin du clivage Est-Ouest, s'il a mis fin à la compétition idéologique au niveau mondial, n'a pas clos le champ des rivalités nationales. Les compétitions sportives mondialisées sont toujours une affaire de prestige et de rivalités de puissances. Il était important pour la Chine d'obtenir la victoire en nombre de médailles d'or lors des Jeux organisés chez elle en 2008.

L'importance stratégique de ces compétitions, notamment les deux plus importantes d'entre elles, les JO et la Coupe du monde de football, s'explique par deux facteurs. Leur attractivité sollicite un nombre sans cesse plus important de personnes. La télévision permet de créer un stade mondial virtuel où chacun peut prendre place. La finale de la Coupe du monde de football est l'événement télévisé le plus suivi au niveau planétaire. Par ailleurs, la redéfinition de la puissance, où l'image, le prestige et le *soft power* occupent une place de plus en plus grande, confère une nouvelle importance aux victoires sportives. Le champion est un ambassadeur dont le rayonnement dépasse les frontières et qui peut être bien plus populaire que le chef de l'État.

L'organisation de ces événements fait également l'objet d'une compétition acharnée. D. Trump a été jusqu'à menacer de rétorsion les pays qui ne voteraient pas pour la triple candidature États-Unis/Mexique/Canada à l'organisation de la Coupe du monde 2026. Il y voit l'occasion d'être au centre du monde, tant lors de l'attribution de la compétition que lors de son déroulement. C'est effectivement une vitrine rare pour un pays. Le Comité international olympique tout comme la Fédération internationale de football veulent contribuer à écrire l'histoire géopolitique par leurs décisions. En attribuant les jeux à Tokyo en 1964, on clôture la Seconde Guerre mondiale pour ce qui concerne le Japon. Il en ira de même pour l'Allemagne en 1972. L'attribution des jeux à Moscou en 1980, décidée en pleine période de détente, a donné lieu à un boycott des pays occidentaux à la suite de la nouvelle guerre froide. Le choix de Séoul accompagnait la démocratisation et le développement de ce pays. 2008 était la reconnaissance de l'émergence de la Chine comme grande puissance ; les mêmes raisons conduisant à l'attribution des jeux au Brésil pour 2016. L'attribution de la Coupe du monde à l'Afrique du Sud en 2010, à la Russie pour 2018 puis au Qatar pour 2022 participe à ce même mouvement.

En 2010, il s'agissait de montrer que l'Afrique n'était pas exclue de la mondialisation et qu'elle pouvait relever le défi de l'organisation d'un événement de cette importance. La Russie y a vu l'occasion de saluer son retour à un statut de grande puissance après son fort déclin des années 1990. Enfin, le Qatar sera le premier pays arabe et le premier pays musulman à être l'hôte d'une compétition sportive mondialisée. Mais sa désignation fait l'objet de vives critiques, notamment concernant le sort des ouvriers immigrés et l'impact environnemental de l'événement.

Les Jeux de Tokyo de 2020 sont les premiers Jeux à avoir été reportés depuis la Seconde Guerre mondiale du fait de la pandémie de Covid-19. Ils ont finalement eu lieu en 2021, mais sans public. Il en fut de même lors des Jeux d'hiver de Pékin en 2022.

Paris et la France comptent faire de l'organisation des JO en 2024 un facteur de mobilisation interne et de promotion du pays, notamment sur le plan touristique, au niveau international.

En résumé

> **Les compétitions sportives ont toujours servi de relais de la rivalité entre puissances, la victoire permettant de conforter le prestige de la nation. Avec la mondialisation, et surtout l'expansion de la télévision, ce phénomène s'est fortement accentué. La montée en puissance du *soft power* renforce cette tendance. L'enjeu, pour être symbolique, n'en est pas moins réel et important.**

CHAPITRE 9

L'EUROPE EST-ELLE EN DÉCLIN ?

Au sortir de la guerre froide, l'Europe semblait être le continent d'avenir capable de faire retraverser l'Atlantique au flambeau du *leadership* mondial. L'URSS avait implosé, les États-Unis paraissaient en déclin, le Japon à l'arrêt et la Chine au tout début de son développement. La fin de la menace soviétique lui promettait la sécurité et la perspective d'un élargissement, avec l'adhésion des anciens pays du pacte de Varsovie. Le traité de Maastricht en 1992 ouvrait la perspective à une politique étrangère et à une monnaie communes. L'Europe « géant économique » allait cesser d'être un nain politique. Ces espérances ont été balayées.

Aujourd'hui, l'europessimisme – ou euroscepticisme – est plutôt de mise. De nombreux pays européens restent frappés par un chômage de masse et marqués par un immobilisme qui tranche avec le dynamisme des pays émergents. Les populations européennes ont perdu la foi qu'elles avaient dans la construction européenne. Alors que le Parlement européen a un pouvoir plus important qu'auparavant, les électeurs boudent les urnes, s'abstiennent de façon massive et, pour ceux qui votent, privilégient les partis protestataires, opposés à la construction européenne. L'avenir de l'euro a même été mis en cause en 2012 et, spectaculairement, les citoyens du Royaume-Uni ont choisi, par référendum le 23 juin 2016, de quitter l'Union européenne ; le Brexit est définitivement acté en janvier 2020.

Les espoirs de l'émergence d'une politique étrangère et de sécurité commune, apparus avec le traité de Maastricht (1992) puis avec le sommet franco-britannique de Saint-Malo en 1998, sont restés lettre morte. La guerre du Kosovo de 1999 a démontré la différence de puissance entre les États-Unis et les pays européens de l'OTAN. Les pays européens se sont déchirés à propos de la guerre d'Irak de 2003, soutenue par les uns et à laquelle se sont vivement opposés d'autres. L'OTAN, 30 ans après l'implosion de l'URSS, reste toujours la priorité en termes de sécurité, surtout pour les anciens pays du pacte de Varsovie. L'élargissement a augmenté le nombre de pays au détriment de l'unité de l'Europe.

Ces élargissements ont par ailleurs été vécus comme trop rapides par les populations des anciens pays, qui ne reconnaissent plus l'Europe. Une peur de perte d'identité face à une machine européenne anonyme se développe. Les partis populistes – en fait d'extrême droite –, qui ont comme particularité commune le rejet des immigrés et des musulmans, réalisent des scores importants, y compris dans des pays traditionnellement tolérants et ouverts. Démographiquement, l'Europe est en panne et voit sa population totale diminuer régulièrement. Pour certains, la question n'est plus de savoir si le géant économique cessera d'être politique, mais plutôt si l'Europe sera encore une puissance économique à l'horizon 2050.

La fatigue de l'Europe, visible en son sein, existe moins au dehors. Les frontières de l'Europe restent extrêmement attractives. C'est pour la rejoindre que les Ukrainiens de la place Maïdan ont fait leur révolution, même si elle a été ensuite confisquée par les oligarques. Le nombre de pays candidats à l'adhésion reste important. L'afflux de migrants qui, au risque de leur vie, tentent de rejoindre l'Europe montre, y compris de façon dramatique, l'attractivité que représente encore le continent, perçu comme un eldorado.

L'accroissement du nombre de réfugiés a prouvé qu'il existait toujours une coupure Est/Ouest. Quelques chiffres, à ce sujet, particulièrement illustratifs : l'Union européenne, après le Brexit, représente 6 % de la population du monde, 18 % du PIB et près de 50 % des dépenses sociales mondiales. Même si le système social européen semble lézardé en son sein, il est encore un objectif à atteindre pour les pays asiatiques, latino-américains et même émergents, pour ne rien dire des pays africains.

L'Europe, si elle n'a pas la puissance militaire américaine, n'a pas non plus les mêmes objectifs. Elle n'entend pas dominer le monde. Fruit d'une construction multilatérale, elle est tout à fait adaptée à un monde où le multilatéralisme est la seule réponse à l'absence d'ordre.

L'intégration d'anciens pays communistes a permis une transition pacifique et leur développement économique. Ce modèle européen et le désir de l'intégrer ont permis de pacifier les Balkans.

L'Europe représente 50 % de l'aide publique au développement et demeure une terre d'innovations technologiques et d'attraction touristique. Elle joue un rôle normatif important dans l'édiction de règles contre la fraude fiscale. La Commission européenne a gagné les batailles qu'elle avait engagées contre les mastodontes américains Google et Amazon.

L'Europe joue également un rôle majeur dans la lutte contre le réchauffement climatique. Elle reste la zone du monde la plus riche avec le bassin de consommateurs à fort potentiel le plus important. Son modèle de construction communautaire et de réconciliation entre ennemis demeure une réussite. Un autre défi majeur pour l'Europe est le choc de l'intelligence artificielle où elle a pris du retard par rapport aux géants américains et chinois.

Le Brexit et la politique de D. Trump ont posé de nouveaux défis à l'UE, mais lui ont offert également l'opportunité de mieux s'organiser. Mais il manque encore aux pays européens une vision stratégique commune. Ils restent divisés sur l'attitude à avoir face aux États-Unis ou à la Russie. L'autonomie stratégique européenne est longue à se mettre en place et n'est pas souhaitée par tous. Afin de mieux avancer, l'Europe des 27 doit se diviser en différents cercles. La dépendance stratégique à l'égard des États-Unis demeure prégnante, bien que le défi stratégique russe n'ait rien à voir avec la menace militaire soviétique. Joe Biden la rend plus supportable que la politique brutale de Donald Trump, bien qu'il souhaite entrainer les alliés européens dans son duel face à la Chine. La crise de Covid-19 a permis un sursaut européen avec un ambitieux plan de relance de 750 milliards d'euros. Pour la première fois, les pays européens ont accepté le principe d'une dette commune.

La guerre en Ukraine s'est évidemment imposée comme un nouveau défi majeur pour l'Union européenne. Du point de vue de la construction d'une défense européenne, la guerre est venue freiner les projets d'autonomisation pour remettre l'OTAN et les États-Unis au cœur de la politique de défense des États européens. La division de l'Europe est également à nouveau apparue. Les pays de l'Est et de l'Ouest de l'Europe n'ont pas envisagé de la même manière la réponse à la guerre. Dans ce cas, c'est la ligne dure des pays orientaux qui s'est imposée. L'Union européenne a finalement octroyé le statut de candidat à l'Ukraine et à son voisin moldave.

En résumé

L'Union européenne suscite le désenchantement à l'intérieur de ses frontières tout en restant extrêmement attractive en dehors. Elle demeure un pôle majeur de puissance sur la scène internationale.

CHAPITRE 10

L'INTELLIGENCE ARTIFICIELLE

La révolution numérique bouleverse au plus profond tant nos conditions de vie que les rapports de force internationaux. Nous sommes à la veille d'un bouleversement majeur d'une ampleur encore insoupçonnée, plus important, plus rapide encore que la révolution industrielle de la seconde moitié du XIXe siècle.

L'intelligence artificielle (IA) peut être définie comme un ensemble de techniques permettant à des machines de réaliser des tâches et de résoudre des problèmes ordinairement réservés aux humains.

Pour certains observateurs, l'intelligence artificielle va venir supprimer en masse des emplois existants et ce à différents échelons de la société. Du chauffeur de taxi à l'interprète, du médecin à l'avocat, la plupart des professions, qualifiées ou non, sont potentiellement menacées par le développement de l'intelligence artificielle. À l'extrême, il pourrait y avoir une petite poignée de privilégiés qui en bénéficierait et une grande masse de gens réduits à l'inactivité. Cela pourrait créer le monde le plus inégal. D'autres, plus optimistes, estiment que l'IA va développer de façon exponentielle les moyens de production et les biens de consommation et constituera en fait une borne d'abondance. Il suffira de bien savoir en répartir les bénéfices ce qui, cependant, n'est sans doute pas chose aisée.

Sous un autre angle, certains voient dans l'intelligence artificielle un moyen de rendre chaque individu autonome et maître de son information alors que d'autres craignent qu'elle ne soit le moyen d'une surveillance que Georges Orwell n'aurait pas pu imaginer lorsqu'il a écrit son roman *1984* sur la mise en place de sociétés totalitaires où la vie privée n'existe plus. Là encore, deux options radicalement différentes.

Les géants du numérique sont devenus en quelques années des puissances qui sont à même de concurrencer les États, ce qui commence à inquiéter un peu partout ces derniers. Les Big Tech ont déjà des capitalisations boursières supérieures aux PIB de nombreux États. Leurs nombres d'utilisateurs les placent devant les géants démographiques chinois et indiens. Elles maîtrisent les données, elles sont de véritables superpuissances.

La firme d'Elon Musk, Space X, coopère sur un pied d'égalité avec la NASA pour envoyer des spationautes dans la station spatiale internationale. Bill Gates s'est substitué aux États-Unis après le refus de Donald Trump de verser la cotisation américaine à l'Organisation mondiale de la santé (OMS). Mark Zuckenberg, le prioritaire de Facebook, a voulu lancer sa propre monnaie la *Libra*. Les multinationales digitales interviennent donc dans des domaines autrefois purement régaliens.

La fortune de Jeff Bezos, le patron d'Amazon, s'est accrue de 80 milliards entre décembre 2019 et septembre 2020 en pleine crise du Covid-19, soit l'équivalent du PIB de l'Éthiopie ou d'Oman en 2020. Sa fortune s'élève désormais à 140 milliards de dollars, soit environ le PIB du Maroc ou de l'Algérie.

Mais la révolution de l'intelligence artificielle a également des répercussions géopolitiques majeures. Pour beaucoup d'observateurs, les données et leur contrôle constituent le facteur de puissance de demain. Vladimir Poutine déclarait en 2017 « le pays qui sera leader dans le domaine de l'intelligence artificielle dominera le monde », quand Xi Jinping déclarait trois mois plus tard : « Si notre parti ne parvient pas à faire face aux défis représentés par Internet, il ne saura relever le défi de rester au pouvoir à long terme. »

La révolution numérique a pris naissance aux États-Unis. Au-delà du mythe de bricoleurs, de génies travaillant dans un hangar, il ne faut pas sous-estimer le rôle majeur, en termes de financement, du Pentagone. Mais désormais, la Chine vient concurrencer les États-Unis sur ce terrain de l'intelligence artificielle. La Chine veut rattraper son retard et elle oppose aux GAFAM américaines (Google, Apple, Facebook, Amazon, Microsoft), les BATX (Baidu, Alibaba, Tencent, Xiaomi).

En 2015, Xi Jinping parlait de faire de la Chine un « cyber superpower ». La Chine espère dépasser les États-Unis grâce à une population en nombre plus important qui n'a pas de difficultés pour laisser un libre accès à ses données et des jeunes entrepreneurs soucieux d'innover et de s'enrichir.

Les autres nations sont en retard par rapport à ces deux géants. L'Union européenne en a pris conscience et veut désormais éviter de n'avoir comme seul choix que de devenir le partenaire junior de l'un ou l'autre – *a priori* des États-Unis. La nouvelle commission a lancé un plan ambitieux pour développer ses capacités dans le domaine.

L'Union européenne comme la France a d'excellents centres de recherche et écoles de formation, des start-up innovantes mais n'a pas encore mis en place une politique permettant de limiter la fuite des cerveaux. Si elle estime avoir perdu la bataille pour l'exploitation des données personnelles, elle pense qu'elle peut encore jouer son rôle s'agissant des données de santé ou industrielles.

Plus de 50 pays sont aujourd'hui engagés dans la course à l'intelligence artificielle, dont certains ont publié des stratégies nationales établissant des plans de financement, de recherche ou de partenariat afin de gagner des parts de marché.

Les États ont pris la mesure de la concurrence que peuvent leur livrer les géants du digital et des dangers que pourrait faire peser l'absence de régulation. Les États-Unis pourraient mettre en œuvre des réglementations venant limiter leur concentration au nom du respect de la libre concurrence. La Commission européenne a émis des amendes considérables à certaines d'entre elles au même motif. Il y a désormais un accord entre États-Unis et Union européenne pour lutter contre l'évasion fiscale pratiquée à une grande échelle par ces sociétés. En juillet 2021, un accord a ainsi pu être trouvé entre 130 pays sous l'égide de l'OCDE, pour une réforme de la taxation des multinationales à l'échelle internationale, et notamment des GAFAM, avec un taux minimal d'imposition à 15 %. En Chine, le patron d'Ali Baba Jack Ma a été sévèrement rappelé à l'ordre et sa société soumise à une forte amende pour avoir pris trop de libertés avec l'autorité du gouvernement.

Ce livre propose des vidéos. Pour y accéder, flashez les QR codes au fur et à mesure qu'ils apparaissent dans le livre.

Comment accéder aux vidéos de cet ouvrage ?

Repérez tout d'abord les QR codes : il s'agit de codes-barres à deux dimensions permettant d'accéder à un fichier via un Smartphone, simplement en les photographiant. Pour lire un QR code, il vous suffit de télécharger une application dédiée (MobileTag, par exemple) et de passer votre Smartphone sur le QR code lorsque l'application est lancée. Vous serez alors automatiquement redirigé vers le lien choisi.

Du même auteur

PASCAL BONIFACE
GÉOPOLITIQUE
ILLUSTRÉE
LES RELATIONS INTERNATIONALES
DEPUIS 1945
NOUVELLE
ÉDITION
MISE À JOUR
Éditions
EYROLLES

Du même auteur

Le bateau ivre, Armand Colin, 2021

50 idées reçues sur l'état du monde [12e éd.], Armand Colin, 2022

Atlas des relations internationales [3e éd.], Armand Colin, 2022

Atlas des crises et des conflits [5e éd.], avec Hubert Védrine, 2021

Comprendre le monde [6e éd.], Armand Colin, 2021

Géopolitique illustrée [3e éd.], Eyrolles, 2022

Requiem pour le monde occidental, Eyrolles, 2019

Requiem pour le monde occidental, édition poche, Eyrolles, 2021

Géopolitique du Covid-19, Eyrolles, 2020

Géopolitique de l'intelligence artificielle, Eyrolles, 2021

50 défis et enjeux de la géopolitique de la France, collection 3 minutes pour comprendre, Le courrier du livre (Tredaniel), 2021

La Géopolitique tout simplement [2e éd.], avec Anne Sénéquier, Eyrolles, 2022

Les relations internationales de 1945 à nos jours [7e éd.], Eyrolles, 2022

Léo Ferré, toujours vivant, La Découverte, 2016

Géostratégix, la géopolitique mondiale de 1945 à nos jours en BD, avec Tommy, Armand Colin, 2022

L'histoire de la Coupe du monde de football, collection 3 minutes pour comprendre, Le courrier du libre (Tredaniel), 2022

N° d'imprimeur : 209411
Dépôt légal : octobre 2022
Imprimé en France par Laballery